本书研究得到国家社会科学基金项目(19BJL122)资助

The Micro-determination Mechanism
of Exchange Rate Based on Heterogeneous Expectations

异质预期视角下的
汇率微观决定机制研究

李小平⊙著

立信会计出版社
LIXIN ACCOUNTING PUBLISHING HOUSE

图书在版编目(CIP)数据

异质预期视角下的汇率微观决定机制研究 / 李小平
著. —上海：立信会计出版社，2020.5
ISBN 978-7-5429-6477-9

I. ①异… Ⅱ. ①李… Ⅲ. ①汇率机制—研究 Ⅳ.
①F830.73

中国版本图书馆 CIP 数据核字(2020)第 077389 号

策划编辑　　冯　晶
责任编辑　　冯　晶　戎其玉
封面设计　　南房间

异质预期视角下的汇率微观决定机制研究
Yizhi Yuqi Shijiaoxia de Huilü Weiguan Jueding Jizhi Yanjiu

出版发行	立信会计出版社		
地　　址	上海市中山西路 2230 号	邮政编码	200235
电　　话	(021)64411389	传　　真	(021)64411325
网　　址	www.lixinaph.com	电子邮箱	lixinaph2019@126.com
网上书店	http://lixin.jd.com		http://lxkjcbs.tmall.com
经　　销	各地新华书店		

印　　刷	江苏凤凰数码印务有限公司		
开　　本	710 毫米×1000 毫米	1/16	
印　　张	11.25	插　　页	1
字　　数	173 千字		
版　　次	2020 年 5 月第 1 版		
印　　次	2020 年 5 月第 1 次		
书　　号	ISBN 978-7-5429-6477-9/F		
定　　价	48.00 元		

如有印订差错，请与本社联系调换

前　言

自 1994 年以来,人民币开启了长达 20 余年的升值通道,尤其在 2008 年金融危机之后,人民币由于单边升值、波动率低而成为全球最有吸引力的利差交易货币,大量热钱流入并实施套汇和套利。由于存在资本管制,套息资金大都通过虚构贸易行为、随意设定贸易价格、贸易信贷项延期或提前、货币走私和地下钱庄等途径流通,削弱了中国政府宏观调控的效果。2014 年第二季度,中国首次出现了资本净流出的局面,尤其是在 2015 年"8.11 汇改"之后,中国已经从经常账户和资本项目"双顺差"的旧常态进入"经常账户顺差、资本账户逆差"的新常态。资本流动影响的加大为人民币汇率市场化改革奠定了微观基础。当资本流动对国际收支的影响加大后,汇率会偏离商品属性而更多地具有资产价格属性,心理预期等非传统的影响因素也将对汇率影响加大。而外汇市场存在预期的自我强化机制,易形成多重均衡。

在这种背景下,我们思考和关注的问题有:实现真正的有管理浮动汇率制度之后,非交易的、非流量的因素会越来越突出,汇率的微观决定机制是什么;价值规律如何在市场价格与基本面水平之间发挥作用;在微观层面,不同交易者行为尤其是利差交易对汇率决定的影响程度如何;如何用微观层面、基于防范系统性风险的宏观审慎管理工具和市场化手段、市场化交易机制,取代传统的市场准入管理和数量控制措施来抑制投机。显然,对这些问题的深入研究,可以为中国政府相关部门和外汇市场参与者理解和把握汇改后人民币汇率的形成机理提供重要的理论依据和经验借鉴。

市场化不可能一蹴而就。由于当前中国资本项目尚未完全开放,存在资本管制、实施有管理的浮动汇率制度等情况,所以本书的部分章节实证数据仍以发达国家浮动汇率为研究对象。虽然国外有关汇率决定理论的文献越来越偏重利用市场微观结构和异质交易者模型来解释现实中外汇市场交易者行为,但国内针对汇率微观决定理论研究付诸阙如。因此,笔者希望本书能对人民币的汇率微观决定机制研究,起到抛砖引玉的作用。

本书共分为九章,核心内容由两部分组成:第二章至第七章为即期汇率的微观决定机制研究,第八章至第九章为远期汇率的微观决定机制研究。在即期汇率微观决定机制研究部分,新建的异质交易者模型起到了提纲挈领的作用,并围绕"利差交易""异质预期""托宾税""资本流动"等关键词展开四方面的工作。一是将利差交易行为引入到异质交易者模型的研究之中,立足于外汇市场异质交易者——基本面交易者、技术交易者和利差交易者的心理、预期、交易行为及相互作用机制,构建汇率的异质交易者模型,对其进行均衡分析和实证分析。二是将汇率异质交易者模型扩展到不确定性框架下,对异质交易者行为和不确定性特征进行研究。三是将托宾税引入异质交易者模型,在求解均衡汇率的同时,评估托宾税对汇率及其波动、价格扭曲、外汇成交量等的影响。四是异质交易者模型在短期资本流动和远期溢价之谜方面的应用:一方面,从异质预期的视角,构建短期资本流动的投机者效用理论模型,并利用 TVP-SV-VAR 模型分析交易者动机对短期资本流动的时变影响;另一方面,利用新建的异质交易者模型对远期溢价之谜等一些金融异象给出新的解释。这部分内容旨在从利差交易行为和异质预期的视角揭示即期汇率微观决定机制。在远期汇率微观决定机制研究部分,则基于异质交易者模型从理论和实证两方面研究了远期汇率及其波动的均衡性质,旨在从异质交易者行为的角度揭示远期汇率的波动机理,同时为央行平滑远期汇率波动提供新的经验依据。

本书研究得到国家社会科学基金项目(编号:19BJL122)资助。本书的内容多为作者近年来发表或完成的一些研究论文,系国家社会科学基金项目的中期成果。相信本书的出版能为现有文献作出有益补充,笔者将继续致力于相关课题的后续研究。

李小平

2020 年 2 月于上海

目　录

第一章 绪 论

1.1 研究背景和研究意义

党的十九大明确提出,加快完善社会主义市场经济体制,其中一个重要内容就是深化利率和汇率市场化改革。回顾中国人民币汇率形成机制市场化改革的历程,2005 年实施汇率形成机制改革,2014 年扩大人民币汇率波幅,2015 年开始通过"8.11 汇改＋推出 CFETS 指数＋公开中间价定价公式"三步走建立汇率新机制,2017 年在汇率中间价定价公式中引入了逆周期因子,至此中国于 1994 年年初确立的以市场供求为基础、有管理的浮动汇率制度日臻完善。现行的汇率机制弱化了对美汇率,强调"参考一篮子货币"变动和"以市场供求为基础"。人民币自 1994 年开启了长达 20 余年的升值通道,尤其在 2008 年金融危机之后,人民币由于单边升值、波动率低而成为全球最有吸引力的利差交易货币,大量热钱流入并实施套汇和套利。自 2014 年以来,跨境资本流动加剧使得人民币汇率的资产价格属性日益显现,市场预期在人民币汇率决定中扮演了重要角色。2017 年,随着人民币贬值预期加强,为了应对贬值预期,抑制投机,我国实施了中国式托宾税,不断加强我国外汇市场宏观审慎管理措施。因此,本章以"利差交易""预期管理""托宾税""短期资本流动""理论的困境"为关键词,从五个方面对现实的研究背景加以说明。

1.1.1　利差交易

2008年金融危机之后，主要发达经济体纷纷实施量化宽松政策，导致全球货币呈现出低利率、宽流动性的特点，人民币由于单边升值、波动率低而成为全球最有吸引力的利差交易货币，大量热钱流入以套取汇差和利差、持有高收益人民币资产。由于中国实行短期资本项目管制，使得热钱只能通过大宗商品贸易融资活动、虚假出口贸易和地下钱庄等渠道流入。表1-1所列举的事件仅为我国利差交易的冰山一角。然而，随着美联储率先启动货币政策正常化进程，从逐步缩减购债到开始加息，部分新兴经济体受到一定冲击，中国跨境资本流出风险也备受关注。尤其在2015年"8.11汇改"之后，人民币贬值预期也加速了资本外流。在跨境资本流动的背后，利差交易是非常值得关注和探究的现实问题。

表1-1　与人民币有关的套息行为和事件

年份	套息行为和事件
2010、2011	"内保外贷"套息套利
2012	深圳"保税区一日游"事件
2013	铜融资套利、"资产本币化、负债外币化"的财务运作
2014	青岛港有色金属重复抵押虚假融资事件
2015	金华地下钱庄案

资料来源：根据公开新闻整理。

由于中国实行资本管制，利差交易性质的资本流动将面临监管约束。表1-2整理了2009年以来中国对跨境资本流动的部分监管政策。2011年第四季度至2012年第三季度，中国跨境资本流动出现了一波资本外流，但第四季度又重现资本流入。2013年，中国依然面临资本流入，外汇储备余额增加了5 097亿美元，增幅达到历史最高。2014年第二季度开始，中国出现了国际收支经常项目顺差、资本项目逆差,以及持续的资本净流出的局面,尤其是 2015 年"8.11 汇改"之后,人民币贬值预期浓厚,进一步加大了资本外流。随着跨境资本流动的不同情况,外汇管理政策也发生了阶段性的重大转变,2014 年之后,跨境资本流动从"控流入,扩流出"转向了"控流出,扩流入",相关管理力度不断加强。

表 1-2　中国跨境资本流动监管政策及措施

制定时间	政策主要内容
2009.3	外管局公布 2009 年金融机构短期外债指标核定方案,明确短期外债规模、口径及用途等
2009.11	外管局对个人分拆结售汇行为实行了针对性管理,防范异常资金通过个人渠道流出入
2010.6	外管局规范国际收支统计申报,加强跨境资金流动监测
2010.7	外管局规定内地银行对外担保的融资额度不能超过银行本身净资产的 50%
2010.11 2011.3	外管局两次启动对大规模跨境流入的应对预案,严厉打击"热钱"跨境流动
2011.6	央行规定境内企业进口支付的人民币不得在境外直接购汇后支付给境外出口商,境内结算银行不得提供此种人民币结算服务
2012.4	央行将银行结售汇综合头寸下限调至零以下
2013.5	外管局将银行结售汇综合头寸限额与外汇存、贷款比率挂钩
2013.12	外管局完善贸易融资外汇管理,遏制无真实交易背景的虚假贸易融资行为
2014.6	央行简化跨境人民币结算流程,开展跨境人民币资金集中运营业务、个人跨境贸易人民币业务、跨境电子商务人民币业务,促进外贸和企业"走出去"发展
2015.9	央行上调个别银行即期购售平盘手续费至 0.3%
2015.10	央行开展代客远期收汇业务收取 20% 的外汇风险准备金
2015.11	央行窗口指导,暂停申请 RQFII、暂停四大行向离岸银行提供跨境融资

（续表）

制定时间	政策主要内容
2015.12	央行暂停部分外资银行的跨境人民币购售业务
2016.1	央行窗口指导,要求尽量避免离岸银行间市场的人民币拆借
2016.1	境外金融机构境内存放执行正常存款准备金率
2016.1	监管层要求跨境人民币资金池净流出不得大于零
2016.3	央行禁止境内居民通过第三方支付购买人寿保险、投资性返还分红类保险产品
2016.7	中国外汇交易中心要求境外金融机构的境外远期卖汇头寸平盘后需交纳 20% 风险准备金
2016.11	资本项下 500 万美元或以上资金的汇出需报外管局审批
2016.12	对跨境超过 20 万元人民币的交易需上报央行
2017.6	境内发卡金融机构向外管局报送境内银行卡在境外发生的全部提现和单笔等值 1 000 元人民币以上的消费交易信息
2017.12	外管局规范银行卡境外大额提取现金交易,完善跨境反洗钱监管

资料来源:根据中国人民银行(简称央行)官网、国家外汇管理局(简称外管局)门户网站及相关文献等资料整理而成。

1.1.2 预期管理

管涛在《汇率的本质》一书中指出,汇改十年,我国正在从经常账户和资本项目"双顺差"的旧常态进入"经常账户顺差、资本账户逆差"的新常态(见图 1-1)。在这种国际收支格局下,随着人民币汇率市场化程度的不断提高,人民币汇率资产属性逐渐显现,外汇市场逐渐进入多重均衡①状态。市场决定汇率并非单纯的市场供求决定,一些非交易的、非流量的因素(如市场预期等)发挥着越来越大的作用。那么,在人民币汇率的形成机制趋于市

---

① 多重均衡是指在给定贸易投资和本外币利差状况下,外汇市场既可能出现资本流入或本币升值压力,也可能出现资本外流或本币贬值压力(管涛,2016)。

场化的同时,一些值得思考和关注的前瞻性问题有:实现真正的有管理浮动汇率制度之后,非交易的、非流量的因素会越来越突出,汇率的微观决定机制是什么;价值规律如何在市场价格与基本面水平①之间发挥作用;在微观层面,不同交易者行为尤其是利差交易对汇率决定的影响程度如何。显然,对这些问题的深入研究,将为我国政府相关部门和外汇市场参与者理解和把握汇改后人民币汇率的形成机理提供重要的理论依据和经验借鉴。

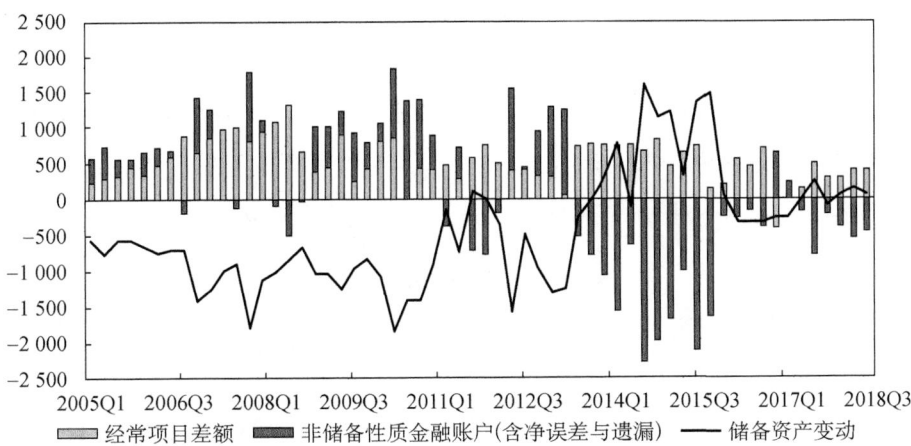

图 1-1 国际收支由"双顺差"到"经常账户顺差、资本账户逆差"的转变(单位:亿美元)
资料来源:国家外汇管理局;中国金融四十人论坛。

为了应对人民币单边贬值预期强化的局面,2016 年 2 月,央行证实对外公布了人民币汇率中间价的定价公式为"中间价=上日收盘价+一篮子货币汇率";2017 年央行又在汇率中间价定价公式中引入了逆周期因子。由此,人民币汇率中间价定价公式为"人民币中间价=前日收盘价+一篮子货币汇率变化+逆周期因子"。逆周期因子的加入,弥补了"顺周期和内嵌贬值预期"的制度缺陷,能有效对冲市场的顺周期波动。

除了中间价引导市场预期之外,截至 2020 年 3 月,中国人民银行自

---

① 基本面汇率与均衡汇率的概念存在着本质的差别:基本面汇率是指与宏观经济基本面一致的汇率水平,即由宏观经济基本面所决定的汇率水平,相对应的概念是汇率对宏观经济基本面的"偏离";而均衡汇率是指欲达到宏观经济内外均衡时汇率所应该达到的合意水平,相对应的概念是汇率的"失调"(李晓峰、陈华,2012)。

2018 年以来通过香港金融管理局的债务工具中央结算系统(CMU)债券投标平台发行了 17 期共 2 100 亿元人民币央行票据,通过离岸市场收紧流动性和引导人民币汇率预期。

1.1.3　托宾税

托宾税是美国经济学家詹姆斯·托宾(James Tobin)于 1972 年在普林斯顿大学演讲时首次提出的税种,他建议对现货外汇交易征收全球统一的交易税,借此提高外汇交易成本,减少纯粹投机性交易。尽管托宾提倡的全球统一外汇交易税并未实现,但以税收来增加国际资本流动成本的思想,却在诸多国家落地。表 1-3 列举了部分国家的托宾税政策。

表 1-3　部分国家托宾税政策

国家	形式	托宾税政策
巴西	金融交易税	为应对金融危机后资本流入新兴经济体造成货币升值,巴西从 2009 年 10 月开始对证券投资、固定收益投资的资本流入均征收 2% 的税率,实体投资不征税。2010 年 10 月开始将债权性资本流入的税率提高到 6%,将股权性投资组合流入的税率维持在 2%,直至 2012 年
智利	无息准备金	为了抑制高通胀和紧缩货币政策带来的热钱流入,1991—1998 年智利对短期外债及具有潜在投机性的外国直接投资等实施 20%～30% 的无息准备金要求
哥伦比亚	无息准备金	1993 年,哥伦比亚为应对资本开放后资本流入,实行无息准备金和短暂的显性托宾税。1993 年对 18 个月以下短期资本执行 47% 无息准备金,之后有多次调整。1998 年应对亚洲金融危机逐渐下调准备金率,2000 年 5 月完全取消
泰国	无息准备金	资本流入激增和经常账户盈余对泰铢形成巨大压力,导致泰铢过度升值。2006 年,泰国实施无息准备金制度,金融机构对所有超过 2 万美元流入资金的 30% 作为无息准备金,与贸易及服务相关的资本流入或泰国居民汇回的投资收益除外。流入资金的无息准备金一年后返还,如果不超过一年撤回资本,将扣留其中的 1/3。2007 年两次放宽政策,2008 年 3 月退出

国家	形式	托宾税政策
韩国	预提税	2011年,韩国开始对外国人购买国债和货币稳定债券的利息征收14%的预提税
	外汇衍生品头寸限制	2010年,韩国要求国内银行持有外汇衍生品头寸不得超过上月末权益资本金的50%,外资银行不得超过250%,2013年收紧至本地银行不得超过股本金30%,外资银行不得超过150%
	稳定特别费	2011年,韩国对国内外银行持有非核心类外币负债征收0.2%以下的稳定特别费
马来西亚	渐进特别税	1999年,马来西亚为应对亚洲金融危机后资本流出压力,对兑换环节征收与投资期限成反比的特别费率,惩罚提前撤资,对所有外汇投资利润征税10%

资料来源:华泰证券研究所。

2014年下半年以来,中国跨境资金的流动情况发生大逆转。同时面对人民币下行、资本外流加剧压力,以及美联储升息的预期状况,一些学者建议采取托宾税,加大资本外流的成本,进而抑制资本外流的势头。外管局原局长易纲于2015年10月在《中国金融》撰文称,为防范异常跨境资金流动风险,将深入研究推出中国版托宾税(即外汇交易税)、无息存款准备金、外汇交易手续费等价格调节手段,抑制短期投机交易,继续出招稳定人民币汇价。外管局综合司原司长王允贵也表示,跨境资本流动未来增加价格调控方式,托宾税类工具正在研究中。

外管局国际收支司原司长管涛曾表示,托宾税主要是基于价格,依靠市场传导进行逆周期调节,但不一定是税,更多是一种理念,是基于价格机制、用市场方式传导的调整。事实上,随着美联储加息预期的增强,尤其2015年"8.11汇改"新措施出台后,人民币贬值预期加强。贬值预期会驱动投机和规避汇率贬值风险的各种保值交易。为了应对贬值预期和跨境资本流出,中国也实施了中国式类托宾税,不断加强中国外汇宏观审慎管理。例如,2015年

8 月 31 日,央行开展代客远期收汇业务收取 20% 的外汇风险准备金;2015 年 9 月,央行上调个别银行即期购售平盘手续费至 0.3%;2018 年 8 月 3 日,央行将远期售汇业务的外汇风险准备金率调整为 20%。

此外,中国征收托宾税面临着以下几个亟待解决的问题:如何区分或定义资金流动的性质,即如何区分投机性资金和投资性资金;金融资产多样化使各类头寸相互混合,难以区分,各种货币口径的定义基本丧失了意义;如何避免征税后资本流动的避税问题;政策执行多久;托宾税对证券或债券投资征税,与人民币国际化的目标有冲突;等等。

1.1.4　短期资本流动

短期资本流动是指期限为一年或一年以内的资本流动。短期资本按照资本流动的不同动机,可分为贸易性资本流动、金融性资本流动、保值性资本流动和投机性资本流动。尽管中国存在资本管制,短期资本仍有多种渠道可以实现流入流出,譬如虚构贸易行为、随意设定贸易价格、贸易信贷项延期或提前、货币走私、地下钱庄等。短期资本流入中国,可以通过多个市场获得高额收益——从人民币升值和中美利差中分别获取汇差和利差、从在岸离岸人民币市场套取汇差、从中国股市房市高涨中获取价差等,从而分享中国经济高速发展的成果与红利。如图 1-2 所示,自 2000 年至 2019 年,资本流动可被划分为四个阶段[①]。第一个阶段是 2000 年至 2007 年,中国处于人口红利爆发期,在全球化浪潮下,经济高速增长和相对低廉的劳动力成本优势吸引了大量国外资本涌入。当时的经济与政策背景是全球化浪潮与中国的人口红利爆发期,劳动人口占比的上升叠加城镇化的推进使得中国相对低廉的劳动力成本优势吸引了大量国外资本涌入。第二个阶段是 2008 年至 2013 年,其间中国经历了两次大规模短期资本流出。2007 年年末至 2008 年年末,由于美国次贷危机进而引发全球金融海啸,资本回流美

---

　　① 参见:https://www.sohu.com/a/225288277_465450。

国救市引发我国短期资本流出；随着 2012 年欧债危机蔓延，中国经济发展不确定性陡增，从 2011 年第四季度至 2012 年第三季度，市场避险情绪增强，人民币贬值预期强化，利差交易平仓，中国跨境资本流动又出现了一波资本外流。随后，在全球各大经济体持续量化宽松和我国资本账户进一步开放的作用下，短期国际资本净流入又重现，且流入规模明显进一步扩大。第三个阶段是 2014 年至 2016 年，2014 年美国退出量化宽松预期加重，美元指数大幅走强。自 2014 年第二季度开始，中国出现了国际收支经常项目顺差、资本项目逆差，以及持续的资本净流出的局面，尤其是在 2015 年"8.11 汇改"之后，人民币贬值预期浓厚，进一步加大了资本外流，这一阶段中国的短期资本流动呈现出大幅剧烈波动特征。第四个阶段是 2017 年至 2019 年，在中国经济基本面向好、美元指数持续疲软、央行加强对中间价管控和结汇意愿大增等因素的不断推动下，2017 年人民币汇率持续性大幅走强，资本外流出现短暂强势逆转。但从 2018 年 4 月份之后，受特朗普政府减税等政策影响，美国经济复苏强劲，在美联储加息的叠加效应下，美元指数获得支撑上涨，人民币承压，短期资本外流趋势依然持续（张明，2015；管涛，2016；彭红枫、祝小全，2019）。

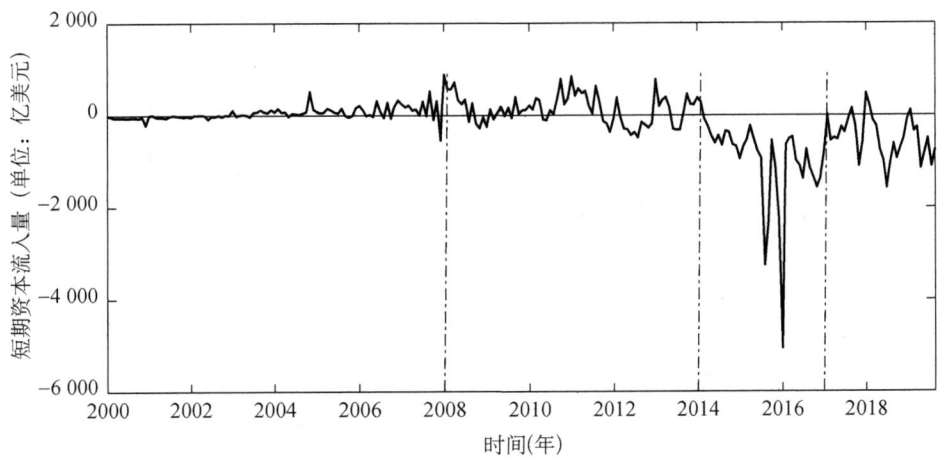

图 1-2　短期资本流入（新增外汇占款法）

资料来源：根据 Choice 数据库新增外汇占款法热钱净流入整理得到。

1.1.5　理论的困境

在中国构建新型开放经济的背景下,短期资本流动的高波动性,尤其是国际资本的突然逆转对经济发展和金融市场稳定具有负面冲击。因此,揭示短期资本流动的动因和冲击效应,提出相应的政策建议,在抑制投机、稳定汇率的同时,对人民币汇率机制改革和为资本账户逐步开放保驾护航有重要的参考价值。

与此同时,外汇市场的诸多异象和实证检验的困境使得传统的以完全理性预期为基础的宏观汇率决定理论模型面临着极大的挑战,促使研究者试图建立新的汇率模型,于是异质交易者模型应运而生。虽然包含基本面交易者和技术交易者的异质交易者模型能解释外汇市场诸多异象,如"与基本面无关之谜"、过度波动、汇率收益率的厚尾特征等,但是对远期溢价之谜[①]的解释能力依然有限。鉴于利差交易者的行为特征,一些学者和金融分析师开始从交易者行为的视角关注利差交易行为与远期溢价之谜之间的关系,如 Spronk 等(2013)发现,利差交易是针对无抵补利率平价(uncovered interest rate parity,UIP)的投机行为,利差交易者利用远期溢价之谜(即 UIP 偏离之谜)而获利,而利差交易的盛行会进一步扩大 UIP偏离。因此,将利差交易行为引入异质交易者模型之中,不仅丰富了汇率决定理论的研究,而且提高了对金融异象的解释能力,并且将利差交易引入外汇市场异质交易者模型的理论研究目前较为少见。

本书在以往文献研究的基础上,将利差交易因素引入到异质交易者模型的研究之中,立足于外汇市场异质交易者——基本面交易者、技术交易者和利差交易者的心理、预期、交易行为及相互作用机制,构建汇率的异质交易者模型,对其进行均衡分析和实证分析,并进一步将汇率异质交易者模型

---

① 远期溢价之谜意味着高利率货币未来倾向于不贬值,甚至升值,这和无抵补利率平价理论刚好相反,因此也被称为"UIP 偏离之谜"(Cavallo,2006;Sarantis,2006)。

扩展到不确定性框架,研究托宾税对均衡汇率及波动、成交量的影响,对远期溢价之谜等一些金融异象给出新的解释,旨在从利差交易行为和异质预期的视角揭示汇率决定机制。

1.1.6 研究意义

本书的研究意义主要如下:

(1) 本书对包含利差交易的汇率模型的均衡分析拓展了现有异质交易者模型多重异质均衡分析的视角,从而丰富和完善了传统的异质交易者模型理论。具体而言,目前并没有国内外文献在三类异质交易者——基本面交易者、技术交易者和利差交易者的框架下研究汇率的多重异质均衡问题。本书将 De Grauwe 和 Markiewicz(2013)对两类异质交易者——基本面交易者和技术交易者的异质均衡分析扩展到三类异质交易者的异质均衡。两类异质交易者情形下的异质均衡最终都是基本面均衡,加入利差交易行为之后,市场出现了非基本面均衡。非基本面均衡的出现意义在于:一是长期来看均衡汇率并没有收敛于基本面水平,有可能偏离基本面水平从而达到新的均衡,颠覆了以往从长期来看均衡汇率收敛于基本面水平的观点。二是非基本面均衡暗示了远期溢价之谜可能是一种市场常态,而并不仅是一种短期现象或者主要依赖于采样周期。

(2) 本书推动了不确定性决策理论在外汇市场的应用,对外汇市场的金融异象将会有更好的解释能力。具体而言,传统的金融理论在分析风险时,往往认为变量的分布是确定的,然而大量文献表明基于期望效用理论且已知概率分布的传统标准模型无法解释大量的金融异象,原因可能在于投资者面临的是不确定性[①],而不是风险。当投资者面临未来不确定的前景,或者没有经验的情形时,他们可能并不知道利用哪些潜在的分布来评估风

---

① Knight(1921)认为,风险与不确定性最大的不同在于两者的结果分布是否可知的。人们可以凭借科学或者经验计算风险结果的概率分布,不过,对于无法计算或确定概率的风险,则是不确定性。

险。因此,不确定性框架实际上可以更好地解决金融市场的决策问题。本书将不确定性决策问题推广到外汇市场,在不确定性框架下讨论不确定性中性和厌恶的利差交易者、基本面交易者和技术交易者模型,并利用该模型解释外汇市场的金融异象。

(3)本书评估了托宾税对均衡汇率、波动、偏度、峰度及其外汇成交量等的影响,对抑制投机、稳定汇率和为人民币汇率机制改革保驾护航有重要的参考价值。具体而言,托宾税主要目的在于惩罚短期外汇投机,抑制短期跨境资本流动,尤其是投机性资本流动,而利差交易是造成投机性资本流动的重要原因。因此,研究托宾税对利差交易行为的影响非常有意义。本书利用引入利差交易和托宾税的异质交易者模型求解均衡汇率,分析托宾税对汇率及其波动、成交量的影响。

(4)针对中国短期资本账户管制、存在离岸在岸市场"双轨制"汇率以及实施有管理的浮动汇率制的现实,本书揭示了短期资本流动的动因和冲击效应,提出相应的政策建议,在抑制投机、稳定汇率的同时,对人民币汇率机制改革和为资本账户逐步开放保驾护航有重要的参考价值。具体而言,以往文献从套汇、套利、套价和套税四个方面来揭示驱动短期资本流动的动机,但均是在理性预期和同质均衡的框架下讨论的,本书从异质预期的视角来研究驱动资本流动的交易者动机,且认为市场对汇率的预期是异质的,不同经济主体对未来汇率预期的分歧会引发不同的交易行为,这种交互作用进而对短期资本流动产生影响。

(5)从利差交易和汇率波动的视角解释远期溢价之谜,这为金融异象的解释提供了新的研究视角和经验依据。具体而言,传统的对外汇市场异象的解释是从突破有效市场的理性预期和风险中性的联合假设开始的,本书摒弃了理性经济人的假设,从行为金融的视角对外汇市场异象进行研究。此外,2008年金融危机之后,多国量化宽松政策的实施使得国与国之间的利差空间缩小,投融资货币面临重新洗牌,相对两国利差而言,汇率波动可能对利差交易者行为的影响更大。因此,本书在新的形势下,从利差交易和汇率波动的视角解释远期溢价之谜。

1.2 主要文献综述

1.2.1 外汇市场的异质交易者模型

从汇率理论的发展历程来看,在 20 世纪 70 年代,以理性预期为前提的有效市场模型占据了主导地位,如货币模型、汇率超调模型和资产组合平衡模型等。然而,自布雷顿森林体系崩溃后,浮动汇率制度下汇率的过度波动等特征使得传统汇率模型陷入了理论上的困境:一是对外汇市场诸多异象的解释能力有限,例如远期溢价之谜、过度波动以及汇率收益率分布的厚尾现象等;二是难以经受实证的检验,在样本外预测方面甚至明显地不如简单的随机游走模型(Meese 和 Rogoff,1983)。

传统汇率模型在实证中的困境促使研究者试图尝试建立新的汇率模型,并由此产生了三类不同的建模方法。一是以 Obstfeld 和 Rogoff(1995,1996)为代表的动态效用优化模型,在开放经济条件下的宏观经济学中引入了微观基础分析方法,但该理论仍建立在理性预期的框架下,在实证检验上存在一定的困难(陈雨露、侯杰,2005,2006)。二是以 Lyons(1995)、Evans(2002)、Evans 和 Lyons(2002)为代表的市场微观结构分析方法,这种方法从新的角度看待外汇市场中信息的汇总和传播,有利于理解汇率的短期行为,但并不适合解释汇率的中长期行为(孙立坚,2002;丁剑平等,2006)。三是最早由 Frankel 和 Froot(1988)提出的异质交易者模型,该理论认为异质交易者对未来的汇率行为具有不同的预期,从而导致了汇率动态的非线性特征。国内学者李晓峰和魏英辉(2009)、李晓峰和陈华(2012)、惠晓峰和张硕(2012)、李小平和吴冲锋(2012,2018)、陈华(2013)、邢天才和尹航(2017)在汇率的异质交易者模型的构建和分析方面也作了有益的探讨。诸多研究表明,基于行为金融视角下的汇率决定理论模型,引入了更符合经验事实的预期异质性假定,又兼顾了传统宏观基本面分析和微观的技术分析方法,从而对现实汇率的波动具有更强的解释和预测能力。

1. 汇率异质预期的检验

20世纪80年代末和90年代初,越来越多的经济学者利用微观的调研数据和市场数据发现市场交易者预期实际上远远偏离了理性预期,而呈现出异质性的特性(李晓峰、黎琦嘉,2009)。归纳来看,这些研究共同揭示出两方面的结论:一是拥有相同信息集的交易者对其所获信息持有不同的信念(Ito,1990)或交易者所获信息存在差异,特别是私人信息的不对称(MacDonald 和 Marsh,1996;Benassy-Quere 等,2003)是造成交易者异质预期的重要原因。二是外汇市场异质交易的主体通常是具有回归预期的基本面交易者和具有外推预期的技术交易者,一般市场交易者短期主要使用趋势外推等技术分析手段,长期则更多采用均值回归的价值预期准则(Frankel 和 Froot, 1990;Takagi , 1991;Allen 和 Taylor , 1990;Marey, 2004;Menkhoff 等,2009;Dick 和 Menkhoff,2013)。然而,这些文献均是在静态和非时变的预期形式下的研究。Ellen 等(2013)首次将动态预期的形式引入外汇市场,发现交易者在不同的外生决定的预测技术之间转换,且具有跨期时变特征。总体而言,基于调查数据的实证结果解释了外汇市场存在异质预期的典型事实,且经济主体看作有限理性主体的集合,划分为技术分析者和基本面分析者,这些特征均与现实具有很强的吻合性,为异质交易者模型的提出和发展奠定了研究基础。

2. 异质交易者模型的研究

异质交易者模型的发展经历了四个阶段,每个阶段的研究重点和特征有所不同,总结如下,具体展开见表1-4。

阶段Ⅰ:异质预期被引入宏观模型

在异质交易者模型的早期文献中,研究者从有限理性经济人的假设出发,在原有宏观模型中引入汇率的异质预期,以 Frankel 和 Froot(1988)、De Grauwe 和 Grimaldi(1992,1993)为代表的模型发现了汇率对基本面的偏离现象,以及汇率运动的混沌现象。

表 1-4　外汇异质交易者模型研究

研究者	模型特征	主要结论
Frankel 和 Froot(1988)	阶段Ⅰ：异质预期被引入宏观模型	将异质交易者引入弹性价格货币模型，发现汇率对基本面的偏离是资产组合管理者对技术和基本面分析者所占市场比重变化的认知偏差所导致的结果
De Grauwe 和 Grimaldi (1992,1993)		将基本面交易者和技术交易者的异质预期引入传统的货币模型之中，并发现汇率运动具有混沌特征
De Grauwe (1994)	阶段Ⅱ：对异质交易者行为转换机制的探讨	汇率对基本面的偏离促使更多的基本面交易者参与其中，从而实现了汇率对基本面的回归，因此假设基本面交易者在市场的权重是基本面偏离的增函数
Youssefmir 等（1998）		建立了连续时间模型，发现市场参与的频率会影响交易者行为，市场参与度越频繁，技术交易者的特征越突出
Vigfusson(1997) Ahrens 和 Reitz(2005) Li 等（2013）		利用基本面的偏离作为时变概率的控制变量，运用马尔科夫机制转换方法去估计即期和远期外汇市场异质交易者模型的参数，表明现实汇率对基本面水平的偏离是基本面交易和技术交易策略之间转换的驱动因素
De Grauwe 和 Grimaldi (2005，2006)	阶段Ⅲ：适应性预期模型成为主流	将适应性信念系统框架应用到汇率模型，建立了内生性的汇率决定模型，研究表明异质交易者的动态转换能够解释外汇市场异象，同时交易成本的存在使得外汇市场呈现非线性的特征
Manzan 和 Westerhoff (2007)		认为技术交易者在动量反转交易策略之间转换，结论表明以此为基础建立的异质交易者模型样本外预测优于随机游走模型
Kozhan 和 Salmon(2009)		假设市场有四种交易者——不确定性中性的基本面交易者、不确定性中性的技术交易者、不确定性厌恶的基本面交易者和不确定性厌恶的技术交易者，发现大部分基本面交易者是不确定性中性的，而技术交易者主要以不确定性厌恶为主

（续表）

研究者	模型特征	主要结论
De Jong 等（2010）		假设技术分析者的预测规则具有自回归和移动平均两种形式,异质交易主体的动态转换能够显著地解释汇率的动态性,且在样本外的预测上优于随机游走模型和静态异质交易者模型
Dewachter 等（2011）		将基本面交易者的回归系数和技术交易者的外推系数设为随机过程,使得每类异质交易者的预测规则是时变的,研究结果显示这种进化选择机制对于基本面的冲击是不稳健的
De Grauwe 和 Markiewicz（2013）	阶段Ⅲ:适应性预期模型成为主流	利用统计学习机制和适应学习机制对异质交易者行为进行了建模,研究结果表明,适应学习机制在解释"基本面无关之谜"方面具有优势,而统计学习机制能够复制汇率的波动集聚特征
Proaño（2011）Flaschel 等（2015）		将名义汇率调整的异质预期引入小型开放经济的宏观金融模型之中,发现基本面交易者对经济稳定有一定作用,而技术交易者加剧了边界内的经济不稳定性
Buncic 和 Piras（2016）		建立了基本面交易者和技术交易者的实证模型,以利率期限结构、股票价格和全球贸易行为等作为基本面水平向量的指标,研究表明异质交易者模型在样本外预测上优于随机游走模型
Stanek 和 Kukacka（2018）		在异质交易者模型下研究了托宾税对汇率的影响,发现托宾税降低了错误定价的程度,消除了汇率与基本面水平的偏离
Baillie 和 Change（2011）	阶段Ⅳ:利差交易行为成功解释远期溢价之谜	利用 LSTR 方法的实证研究表明,市场在两种机制之间转换,当两国利差加大,投资货币具有吸引力,但利差交易者的利润会随着规模的扩大而减少,这反而加速了 UIP 反转回复的速度,促使了远期溢价之谜的消失

（续表）

研究者	模型特征	主要结论
Jongen 等（2012）	阶段Ⅳ：利差交易行为成功解释远期溢价之谜	首次将利差交易者引入异质交易者模型，认为基本面交易者、技术交易者和利差交易者的交互作用导致了汇率预期的分散
Spronk 等（2013）		通过模拟仿真表明，当两国之间利差足够大，利差交易对 UIP 回归检验有显著的影响，因此考虑利差交易者行为因素的异质交易者模型能够成功解释远期溢价之谜
Copeland 和 Lu（2016）		汇率波动是利差交易的关键状态变量，利差交易在低波动状态下是盈利的，高波动状态下投资者更倾向于基本面交易策略

阶段Ⅱ：对异质交易者行为转换机制的探讨

由于异质交易者对于未来汇率行为具有不同的时变预期，因此基本面交易者和技术交易者在不同时期有不同的动态权重，但是动态权重无法直接观测，因此，寻找基本面和技术交易策略之间转换机制的驱动因素至关重要。此后大量的文献如 De Grauwe（1994）、Youssefmir 等（1998）和 Vigfusson（1997）、Ahrens 和 Reitz（2005）等致力于解决这一问题。

阶段Ⅲ：适应性预期模型成为主流

20 世纪 90 年代后期，异质交易者模型在金融资产定价理论中得到进一步发展，Brock 和 Hommes（1997，1998）提出的适应性信念系统成为许多后续工作的奠基石。De Grauwe 和 Grimaldi（2005，2006）首次将适应性信念系统框架应用到汇率模型，基本面交易者和技术交易者根据上一期交易策略的盈利情况来确定当期的交易策略，由此建立了内生性的汇率决定模型。此后的研究均是在 De Grauwe 和 Grimaldi（2005，2006）的基础上进一步的发展。

阶段Ⅳ:利差交易行为成功解释远期溢价之谜

尽管包含基本面交易者和技术交易者的异质交易者模型在解释外汇市场异象方面取得了突破性的进展,但是对于远期溢价之谜的解释依然有限。近期的异质交易者模型如 Baillie 和 Change(2011)、Jongen 等（2012）、Spronk 等(2013)、Copeland 和 Lu(2016)等更引入了利差交易行为来解释远期溢价之谜,这些基于行为金融的理论摒弃了完全理性预期的假设,在解释远期溢价之谜方面有较好的说服力。

1.2.2　外汇托宾税研究

以往关于托宾税的理论研究主要基于市场有效和理性预期的传统市场均衡模型。近年来,随着市场的发展和理论的进步,相关理论模型主要集中在利用外汇市场微观结构和异质预期来解释现实中外汇交易主体的行为。表 1-5 总结了不同时期国外不同研究者利用宏观经济模型、异质交易者模型和市场微观结构等探究托宾税对市场流动性、波动性、交易规模等各方面的影响,但不同的模型得出的结论不完全相同,这可能也是目前托宾税还存在如此多争议和不确定性的原因之一。国内学者也从托宾税的有效性分析(张勇,2015;王爱俭、冯超,2018;冯超等,2018)、机制设计(冯菊平,2002)等方面做了探讨。有关托宾税的理论模型和实证研究主要如表 1-5 所示。

表 1-5　有关托宾税的理论与实证研究

研究者	模型与实证	主要结论
Frankel (1996)	实证分析	托宾税减少了投机者的市场占比,增加了投资者的市场占比,因此减小了汇率波动
Aliber 等（2003）	实证分析	分析了英镑、德国马克、日元、瑞士法郎的外汇期货的交易成本、交易量和波动,发现托宾税与汇率波动呈正向关系,而与成交量呈反向关系

（续表）

研究者	模型与实证	主要结论
Westerhoff（2003） Westerhoff 和 Dieci （2006）	异质交易者模型	低额交易税使得投机者减少，从而增加了市场稳定性。只有当税率非常高，市场有效性才会减弱
Ehrenstein 等（2005）	市场微观结构	托宾税对汇率波动是正效应还是负效应完全取决于价格反应函数对成交量的敏感性
Demary（2006，2010）	异质交易者模型	交易税降低了汇率波动，但增加了偏度。税收损害了短期投机者的利益，但有利于长期投资；损害了基本面交易规则，但有利于趋势交易规则
Mannaro 等（2008）	一般均衡模型	在一般均衡的框架下模拟了对单一或多个市场同时征收托宾税后各市场交易者和交易量的变动情况，结论表明托宾税减少了交易量，增大了波动，从而增加市场的不稳定性
Pellizzari 和 Westerhoff（2009）	市场微观结构	托宾税在做市商市场减少了市场深度，增大了波动。然而，在连续双重拍卖市场中，市场深度的减少抵消了托宾税的稳定效应
Bianconi（2009）	少数者博弈模型	在少数者博弈模型中引入托宾税可以减少投机交易，从而减少了市场交易规模，并降低中间税率下的汇率波动幅度
Bloomfield 等（2009） Hanke 等（2010）	实验室试验方法	当市场规模庞大且流动性充足时，托宾税可以减少市场波动；当市场规模小且流动性差时，托宾税反而会加剧市场波动
Lanne 和 Vesala（2010）	实证分析	托宾税增加交易成本的同时，也增加了汇率波动性
Mathevet 和 Steiner（2012）	动态全局博弈模型	交易税可能会在某些条件下阻止了突然的投资逆转，从而增加福利
Jaouadi（2013） Damette（2013）	实证分析	托宾税降低了汇率波动性，有助于提高汇率稳定性
Danilova 和 Julliard（2014）	一般均衡模型	交易成本的增加如托宾税的实施，降低了市场的弹性，增加了市场的波动，且在更高程度的逆向选择市场中这一效果更加明显

（续表）

研究者	模型与实证	主要结论
Sarolli(2015)	DSGE 模型	征收托宾税会导致交易量显著降低,而未收税的市场中则会出现更高的方差和资本存量
Flaschel 等(2015)	宏观模型＋异质预期	托宾税在更广泛的宏观经济环境中有稳定市场的能力
Chen 和 Chang(2015)	一般均衡模型	托宾税通过提高货币交易成本能够有效抑制投机,并增加汇率稳定性,还可以减少消费、投资和就业的不稳定性
Solilova 和 Nerudova (2015)	DSGE 模型	实施金融交易税会带来一些负面影响,如 GDP 的降低、金融市场交易量减少及资本成本增加等,而实施金融交易税所带来的正面效益如税收收入远不能抵消以上负面效应
Davila(2015)	一般均衡和动态均衡模型	当异质信念诱导投资者过多交易时,征收金融交易税始终是最优选择,并刻画了最优线性金融交易税
Damette 等 (2015)	门限分位数回归模型	托宾税仅在正常时期或有效市场中是稳定外汇波动的良好工具,在动荡时期托宾税会增加外汇波动性
Lavicka 和 Lichard (2016)	异质交易者模型	基于异质交易者模型来研究价格跳跃、高斯方差和金融交易税之间的关系。结果表明,金融交易税可能会增加方差,同时降低了价格跳跃的影响
Stanek 和 Kukacka (2018)	异质交易者模型	交易税降低了汇率波动,但增加了偏度。税收损害了短期投机者的利益,但有利于长期投资;损害了基本面交易规则,但有利于趋势交易规则

1.2.3　简要评述

综上所述,包含利差交易者的异质交易者模型的出现,不仅丰富了汇率决定理论,而且在解释外汇市场异象方面取得了突破性的进展。但将利差交易引入外汇市场异质交易者模型的理论研究目前并不多,主要集中在

Jongen 等(2012)和 Spronk 等(2013)这两篇文章,实际上有关这一问题的研究存在很大的拓展空间。

1. 研究议题有待延伸

在以往的文献中,汇率的均衡分析主要集中在两类异质交易者——基本面交易者和技术交易者,而且两类异质交易者均衡最终都是基本面均衡。现有的国外文献并没有探讨利差交易者引入到异质交易者模型之后的均衡问题,国内更是没有基于利差交易者的外汇市场异质交易者模型研究。引入利差交易者之后,市场均衡不再局限于传统文献中的基本面均衡,而是出现了非基本面均衡,这将拓展现有的异质交易者模型的多重异质均衡分析的边界。

此外,虽然 Kozhan 和 Salmon (2009)探讨了基本面交易者和技术交易者的不确定性厌恶问题,但并没有探讨加入利差交易者之后的异质交易者模型的不确定性厌恶问题。引入不确定性厌恶和中性的利差交易者之后,不同交易者之间的交互机制更加复杂,也更贴近现实市场,从而有助于提高模型的预测能力和解释更为复杂的金融异象。

过去,中国外汇市场一直实行比较严厉的资本管制,外汇市场开放度很低,相关数据也不易获得,缺乏托宾税政策研究的素材。近几年,随着利率和汇率市场化的进程加快,外汇市场成熟度、开放度明显增强,特别是离岸人民币外汇市场发展迅猛,国内有关托宾税政策的研究也必然增加,如何根据中国金融市场自身特点引入恰当的理论和实证模型,需要进一步深入探讨。

2. 研究视角有待丰富

近期的文献从利差交易者行为的角度,在解释远期溢价之谜方面具有较好的说服力。但是仍然没有得到一致的结论。并且现有的文献主要利用两国利差作为刻画利差交易行为的控制(或代理)变量。金融危机之后随着几轮量化宽松政策,各国之间利差套利空间被挤压,交易者可能更重视汇率波动给利差交易带来的风险,因此,需要从新的视角寻找利差交易行为的控制(或代理)变量。

托宾税的研究方面,国内文献很多从定性的角度去谈托宾税的必要性,结合中国资本流动实际,如何从量化的角度去论证托宾税实施的必要性,以及托宾税是否需要分级,如何分级,如何设置税率,托宾税效应如何,这些都是亟待解决的问题。

3. 研究方法有待拓展

首先,虽然 De Grauwe 和 Markiewicz (2013)对包含基本面交易者和技术交易者的异质交易者模型进行了均衡分析,但得到的均衡点稳定条件是充分条件而非充要条件。其次,以往文献对异质交易者模型的参数一般采用仿真模拟的方法对其进行敏感性分析,而并没有利用实际的数据来估计模型参数。最后,对远期溢价之谜的实证分析包含了两类机制的转换——UIP 成立或远期溢价之谜存在,因此,可以用多种机制转换模型对已实现的方法进行改进。

4. 中国特色需要关注

(1)中国经济规模大,外汇储备全球第一,但中国资本项目并未完全开放,存在一定资本管制。目前,中国实施有管理的浮动汇率制度,汇率调整的灵活性仍不够,且存在离岸和在岸市场的“双轨制”汇率。同时,人民币国际化和金融开放的推进对深化利率和汇率市场化改革提出了客观要求。

(2)由于在岸人民币汇率与市场利率在一定程度上受到央行的干预,而离岸汇率与利率则由市场供求关系决定,所以较大的利率差价创造了套利空间。当市场上存在较大升贬值预期时,由于存在资本管制,所以套息资金通过大宗商品贸易融资活动、虚假进出口贸易和地下钱庄等渠道流通,削弱政府宏观调控的效果。

(3)近年来,资本流动影响的加大为人民币汇率市场化改革奠定了微观基础。当资本流动对国际收支的影响加大后,汇率会偏离商品属性而更多地具有资产价格属性,心理预期、价格重估等非流量、非交易因素对汇率影响加大。而外汇市场存在预期的自我强化机制,易形成多重均衡。

1.3　研究内容和结论

本书研究内容、章节结构安排和技术路线见图 1-3。具体来说,本书共九章,划分为三部分的研究。

第一部分由第一章构成。

这一章首先给出本文的研究背景和意义,并提出本书研究的问题;其次介绍了外汇市场异质交易者模型及托宾税的研究现状,系统综述了国内外现有的研究成果,阐述了已有研究不足及本书的切入点;最后提纲挈领地点出了本文主要内容、章节结构和技术路线。

第二部分由第二章至第七章构成,主要研究了对即期外汇市场的异质交易者理论并建立实证模型,以及探讨异质交易者模型在短期资本流动和远期溢价之谜方面的应用。

第二章通过构建包含利差交易者、基本面交易者和技术交易者的汇率决定模型,在异质交易者行为框架下研究了汇率的多重异质均衡性质和稳定条件。理论研究表明,外汇市场存在三种基本面均衡和四种非基本面均衡,利差交易者行为导致外汇市场出现非基本面均衡,进而不同均衡所对应的稳定条件取决于基本面的回归系数、技术交易者的外推系数及汇率的折现因子之间的关系。模拟仿真表明,两国利差是决定利差交易者行为的重要因素,利差交易者行为进一步导致了市场汇率偏离基本面水平。

第三章假设基本面汇率服从(无抵补利率平价)UIP 过程,在第二章建立的异质交易者理论模型的基础上,利用无迹卡尔曼滤波法和极大似然法来估计异质交易者模型参数。结果表明,根据平均绝对误差和均方根误差,三类交易者模型在样本内和样本外预测方面的表现均优于两类交易者模型。基本面交易者、技术交易者和利差交易者的动态权重表明,利差交易活

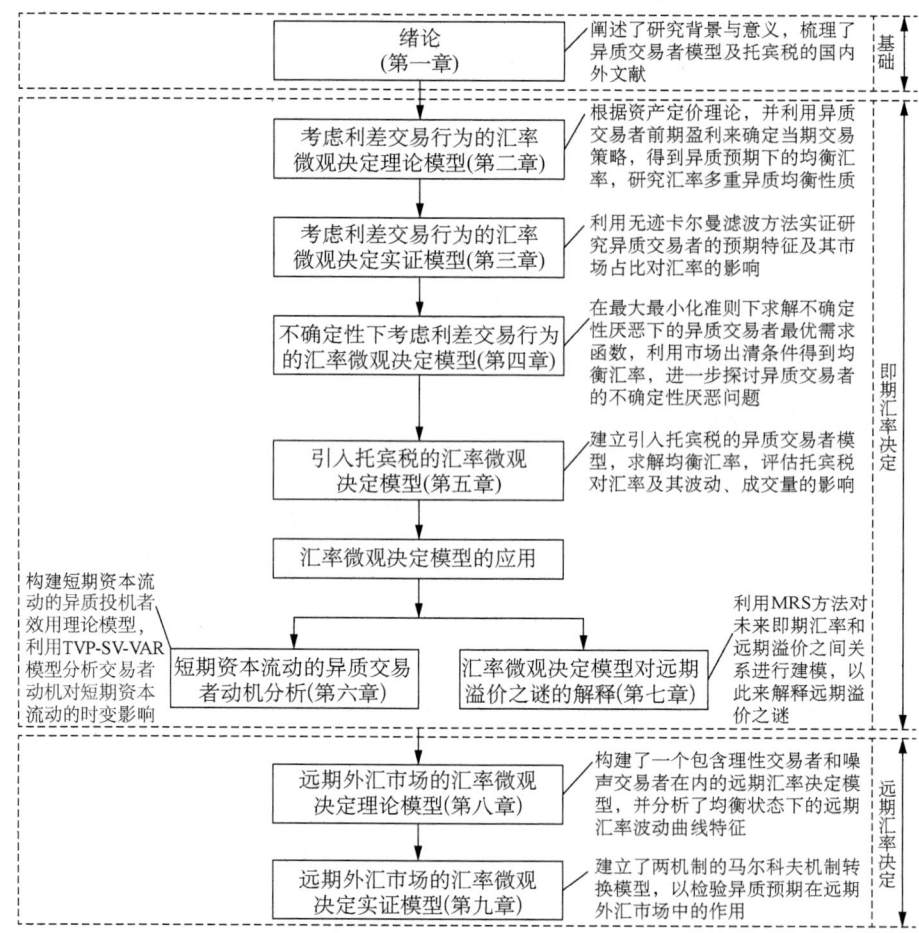

图 1-3　本书内容、结构和技术路线图

动与两国利差相联系,2008 年金融危机之后,收窄的利差降低了利差交易者利润,从而使利差交易者退出市场。

　　第四章将第二章和第三章内容扩展到了不确定性框架下,建立了包含不确定性中性和不确定性厌恶的基本面交易者、技术交易者和利差交易者的异质交易者模型,对理论模型进行模拟仿真,对模型参数进行敏感性分析,并考察异质交易者动态权重及不确定性特征。实证结果表明,不确定性厌恶是异质交易者在外汇市场中行为的重要特征,不确定性厌恶的利差交易者的加入有助于改善模型样本外的预测性能。利差交易者的行为受到两国利差和不确定性的极大影响。当两国利差大于利差阈值,利差交易者在 2009 年之前积极参与外汇市场;2008 年全球金融危机之后,随着利差的缩小,利差交易者的市场占比大幅下降。

第五章将托宾税引入异质交易者模型,研究了托宾税效应。首先通过建立包括基本面交易者、技术交易者和利差交易者的异质交易者模型,进行均衡分析,在此基础上评估托宾税对汇率及其波动、外汇成交量的影响。研究结果发现,托宾税会增加汇率波动率并减少汇率收益的峰度。更重要的是,托宾税加剧了汇率价格扭曲,减少了市场成交量。

第六章针对我国短期资本账户管制、存在离岸在岸市场"双轨制"汇率以及实施有管理的浮动汇率制的现实,从异质预期的视角,构建了短期资本流动的投机者效用理论模型,并利用 TVP-SV-VAR 模型分析交易者动机对短期资本流动的时变影响。研究发现,基本面交易者预期市场汇率短期会持续偏离基本面汇率,中长期回复基本面汇率;技术交易者预期未来汇率短期"动量"长期"反转"。基本面交易者和技术交易者预期短期对资本流动乃至经济周期有推波助澜的作用。利差交易者预期未来汇率偏离 UIP,中美利差与资本流入呈正向关系;套汇者预期在岸和离岸人民币价差回复于均衡水平,在岸和离岸人民币价差与资本流动存在负反馈机制。此外,短期资本流动对宏观经济的冲击在"8.11 汇改"之后的一段时间表现出较强的敏感性。

第七章从利差交易者行为的视角解释了远期溢价之谜。利用马尔科夫机制转换模型对汇率未来变动和远期溢价之间的关系进行建模,其中时变转换概率是关于市场波动率指数(VIX)的函数。研究结果表明,当市场波动较小,投资者情绪平稳,利差交易者进入市场,远期溢价之谜存在;当市场波动剧烈,恐慌情绪加强,利差交易者出于避险情绪平仓,最终促使市场回复 UIP 均衡,远期溢价之谜消失。

第三部分由第八章和第九章构成,是对远期外汇市场的异质交易者行为理论建模与实证分析。

第八章基于异质交易者行为视角,构建了一个包含理性交易者和噪声交易者在内的远期汇率决定模型，并分析了均衡状态下的远期汇率波动曲线特征。基于此模型，利用曲线拟合方法，实证研究了人民币 NDF 汇率波动与升贴水预期之间的关系，研究表明，远期汇率波动与升贴水预期之间呈偏 U 型曲线关系，与理论模型的结论相吻合。本章从异质交易者行为的角度对远期汇率的波动机理提供了理论解释，同时为央行平滑远期汇率波动提供了新的经验依据。

第九章利用两机制的马尔科夫机制转换模型研究了远期外汇市场的异质预期，其中两个机制分别为基本面和技术交易者对未来汇率的预测。实证研究表明，基本面交易者具有回归基本面预期，而技术交易者具有惯性趋势预期。当现实的远期汇率偏离均衡值时，技术交易者倾向于转换成基本面交易者。

第二章　考虑利差交易行为的汇率微观决定理论模型

2008 年金融危机之后，主要发达经济体纷纷实施量化宽松政策，导致全球货币呈现出低利率、宽流动性的特点，人民币由于单边升值、波动率低而成为全球最有吸引力的利差交易货币，大量热钱流入以套取汇差和利差、持有高收益人民币资产。由于中国实行短期资本项目管制，使得热钱只能通过大宗商品贸易融资活动、虚假出口贸易和地下钱庄等渠道流入，譬如发生在 2013 年的"铜融资事件"就揭开了我国利差交易的冰山一角。然而，随着美联储率先启动货币政策正常化进程，从逐步缩减购债到开始加息，部分新兴经济体受到一定冲击，跨境资本流出风险和汇率风险日益凸显。因此，利差交易是目前非常值得关注的现实问题。

回顾中国人民币汇率形成机制市场化改革的历程，经过 2005 年汇率形成机制改革、2014 年人民币汇率波幅扩大、2015 年"8.11 汇改"之后，中国于 1994 年年初确立的以市场供求为基础、有管理的浮动汇率制度已基本完善。汇改十年，在中国"经常账户顺差、资本账户逆差"的新的国际收支格局下，人民币市场化程度不断提高，人民币资产属性凸显，外汇市场进入多重均衡状态。除了宏观经济基本面、市场供求等传统因素之外，市场预期在汇率决定方面也发挥着越来越大的作用。那么，实现真正的有管理浮动汇率制度之后，从市场交易和市场预期的角度来看，汇率的微观决定机制是什么？价值规律如何在市场价格与基本面水平之间发挥作用？中国目前还存在资本管制，套汇和套利空间客观存在，那么，市场交易者行为尤其是利差交易对汇率决定的影响程度如何？显然，对这些问题的深入研究，将为我国政府相关部门和外汇市场参与者理解和把握汇改后人民币汇率的形成机理提供重要的理论依据和经验借鉴。

与此同时,在汇率决定理论方面,近期汇率决定理论的发展更多地考虑了汇率宏观经济分析方法中的微观基础、市场参与者的异质性和市场微观结构特征。其中,基于行为金融视角下的异质交易者模型,引入了更符合经验事实的预期异质性假定,又兼顾了传统宏观基本面分析和微观的技术分析方法,从而对现实汇率的走势具有更强的预测能力,并且在解释外汇市场异象,如"与基本面无关之谜"、过度波动、汇率收益率的厚尾特征等方面取得了突破性的进展,但是对远期溢价之谜的解释能力仍然有限。因此,一些学者,如 Baillie 和 Change(2011)、Jongen 等(2012)、Spronk 等(2013)将利差交易者引入异质交易者模型,提高了对汇率动态的预测能力和对远期溢价之谜的解释能力。然而,这些文献并没有涉及包含利差交易者在内的异质主体下的多重异质均衡问题。虽然 De Grauwe 和 Markiewicz(2013)对外汇市场的异质主体下的异质均衡作了深入探讨,但仅限于市场存在基本面交易者和技术交易者的情形。杨宝臣和张涵(2017)也研究了异质主体下的均衡及稳定性条件,但限于股票市场。除此之外,将利差交易引入外汇市场异质交易者模型的理论研究目前较为少见。

本章在以往文献研究的基础上,将利差交易者引入传统的异质交易者模型,将 De Grauwe 和 Markiewicz(2013)关于两类异质交易者的异质均衡分析扩展到三类异质交易者的异质均衡,并通过对理论模型的模拟仿真,实证分析了交易者的异质性,尤其是利差交易行为对市场汇率动态的影响。

2.1　异质交易者理论模型

本节借鉴了 De Grauwe 和 Markiewicz(2013)、Spronk 等(2013)的框架,根据资产定价原理,假设市场汇率是汇率基本面水平和未来预期的凸组合,则:

$$s_t = (1 - \theta) s_t^* + \theta \hat{E}_t (s_{t+1}) + \varepsilon_t \tag{2-1}$$

其中，s_t 是 t 时刻的汇率对数值，以直接标价法标价，$\hat{E}_t(s_{t+1})$ 为 t 时刻对下一时刻汇率的期望值，θ 为折现因子，且 $0 < \theta < 1$。ε_t 是独立同分布的扰动项，且 $\varepsilon_t \sim iid(0, \sigma_s^2)$。$s_t^*$ 是汇率的不可观测的基本面水平。

本章假设 s_t^* 服从随机游走过程，则：

$$s_t^* = s_{t-1}^* + \eta_t \tag{2-2}$$

其中，η_t 代表白噪声过程。

假设有限理性的交易者在 t 时刻的信息集 $I_t = \{s_0, s_1, \cdots, s_{t-1}, s_0^*, s_1^*, \cdots, s_{t-1}^*\}$，这意味着交易者在有限理性的条件下，并不像完全理性预期理论所假定的那样具有完美的认知能力。因此，同期的汇率 s_t 和 s_t^* 并不能被知晓，交易者只能利用过去的相关变量信息进行预测。本章假设汇率的变化 $\tilde{\Delta} s_{t+1} = s_{t+1} - s_{t-1}$，基本面交易者预期未来汇率会回归基本面水平，则：

$$\hat{E}_t^f (s_{t+1}) = s_{t-1} + \alpha (s_{t-1}^* - s_{t-1}) \tag{2-3}$$

其中，α 代表未来汇率向基本面汇率的回归系数，反映了汇率向基本面水平的回复速度。

Mark（1995）发现市场汇率对基本面水平的偏离周期至少在一年以上，说明汇率向基本面回复的速度比较慢，α 是一个非常小的正数。因此本章假设 $0 < \alpha < 1$。

技术交易者预期未来汇率的变动遵循以下公式：

$$\hat{E}_t^c (s_{t+1}) = s_{t-1} + \beta \Delta s_{t-1} \tag{2-4}$$

其中，$\Delta s_{t-1} = s_{t-1} - s_{t-2}$，$\beta$ 是外推系数。

若 $\beta > 0$，则式（2-4）代表了技术交易者的趋势交易规则；反之，技术交易者具有反转预期。本研究讨论最简单也最常见的趋势交易规则。

利差交易者预期高收益货币未来不会贬值，甚至会升值，从而可以赚取利差收益和从高收益货币升值中赚取汇差。令利差 $\Delta r_{d-f, t-1} =$

$\ln(1+r_{d,\,t-1})-\ln(1+r_{f,\,t-1})$，其中，$r_{d,\,t-1}$ 和 $r_{f,\,t-1}$ 分别是本国和国外利率。利差交易者预期未来汇率变动遵循以下公式：

$$\widehat{E}_t^r(s_{t+1})=s_{t-1}-\gamma\Delta r_{d-f,\,t-1} \qquad (2\text{-}5)$$

其中，γ 为回归系数，反映了利差对利差交易者汇率预期的影响程度。在直接标价法下，正的 γ 代表利差交易者预期，负的 γ 代表 UIP 预期，即交易者期望未来汇率变动遵循 UIP。

结合式(2-3)至式(2-5)，外汇市场预期是三类异质交易者预期的加权平均，其遵循以下公式：

$$\widehat{E}_t(s_{t+1})=\omega_t^f\,\widehat{E}_t^f(s_{t+1})+\omega_t^c\,\widehat{E}_t^c(s_{t+1})+\omega_t^r\,\widehat{E}_t^r(s_{t+1}) \qquad (2\text{-}6)$$

进一步地，假设市场交易者并非固定使用单一的预期规则，而是通过比较三类预期规则所获得的事后利润来决定对下期规则的选择。因此，外汇市场中使用不同预期规则的异质交易者的动态权重是关于各预期规则带来的利润的函数如下：

$$\omega_t^i=\begin{cases}\dfrac{\exp(\delta\pi_{t-1}^{i*})}{\exp(\delta\pi_{t-1}^{f*})+\exp(\delta\pi_{t-1}^{c*})+\exp(\delta\pi_{t-1}^{r*})} & \text{if}\quad \Delta r_{d-f,\,t-1}>\tau \\[4mm] \dfrac{\exp(\delta\pi_{t-1}^{i*})}{\exp(\delta\pi_{t-1}^{f*})+\exp(\delta\pi_{t-1}^{c*})} & \text{if}\quad \Delta r_{d-f,\,t-1}\leqslant\tau\end{cases} \qquad (2\text{-}7)$$

其中，$i=f,c$，且

$$\omega_t^r=\begin{cases}\dfrac{\exp(\delta\pi_{t-1}^{r*})}{\exp(\delta\pi_{t-1}^{f*})+\exp(\delta\pi_{t-1}^{c*})+\exp(\delta\pi_{t-1}^{r*})} & \text{if}\quad \Delta r_{d-f,\,t-1}>\tau \\[4mm] 0 & \text{if}\quad \Delta r_{d-f,\,t-1}\leqslant\tau\end{cases} \qquad (2\text{-}8)$$

其中，π_{t-1}^{f*}，π_{t-1}^{c*} 和 π_{t-1}^{r*} 分别是基本面交易者、技术交易者和利差交易者在 $t-1$ 期经风险调整后的利润。选择密度参数 $\tau=T-t$ 越大，交易者对不同预测规则的选择越敏感。另外，τ 为两国利差的阈值，可以理解为利差交易者的执行成本。当执行成本过高,利差交易者因为无利可图从而退出市场。当两国利差超过这一阈值,利差交易策略因获利而被执行。

　　由于采用不同预期规则所获利润具有不确定性,因此交易者在评价和选择各预期规则的收益时,须权衡相应的风险。给定风险 $\sigma^2_{i,\ t-1}$ 和交易者的风险厌恶系数 μ,经风险调整后的利润表示为:

$$\pi^{i*}_{t-1} = \pi^i_{t-1} - \mu\sigma^2_{i,\ t-1} \tag{2-9}$$

其中,π^i_{t-1} 代表了交易者于 $t-2$ 期投资、$t-1$ 期到期的利润,用公式表示如下:

$$\pi^i_{t-1} = (\Delta s_{t-1} - \Delta r_{d-f,\ t-1})\mathrm{sgn}[E^i_{t-2}(\Delta s_{t-1}) - \Delta r_{d-f,\ t-1}] \tag{2-10}$$

　　当 $x > 0$,示性函数 $\mathrm{sgn}(x) = 1$;当 $x < 0$,$\mathrm{sgn}(x) = -1$;当 $x = 0$,$\mathrm{sgn}(x) = 0$。式(2-10)意味着若交易者准确预测下期汇率变动方向,则他们可获利润为 $|\Delta s_{t-1} - \Delta r_{d-f,t-1}|$,反之遭受损失 $|\Delta s_{t-1} - \Delta r_{d-f,t-1}|$。

　　根据 De Grauwe 和 Grimaldi(2006)发表的文献,由于汇率变动是跨境投资者最重要的风险来源,较大的预测误差意味着交易者的风险更高。因此,风险由各预期规则的预期误差的平方来衡量:

$$\sigma^2_{i,\ t-1} = [E^i_{t-2}(s_{t-1}) - s_{t-1}]^2 \tag{2-11}$$

　　将式(2-2)至式(2-11)代入式(2-1),得到汇率的随机过程:

$$s_t = (1-\theta)s^*_t + \theta\,\omega^f_t[s_{t-1} + \alpha(s^*_t - s_{t-1})] + \theta\,\omega^c_t(s_{t-1} + \beta\Delta s_{t-1})$$
$$+ \theta\,\omega^r_t(s_{t-1} - \gamma\Delta r_{d-f,t-1}) + \varepsilon_t \tag{2-12}$$

2.2　均衡性质

　　本节在包含利差交易者的异质交易者模型的框架下分析了市场汇率的均衡性质。为了分析简便,本研究去掉所有的随机因素,不妨令 $\varepsilon_t = 0$,$\eta_t = 0$,$s_t = 0$,$\mu = 0$ 和 $\delta \to \infty$,其中 $\delta \to \infty$ 意味着交易者总是选择最佳的预期规则。此时,式(2-12)可以写作:

$$s_t = \theta \left[(1 - \alpha \omega_t^f + \beta \omega_t^c) s_{t-1} - \beta \omega_t^c s_{t-2} - \gamma \omega_t^r \Delta r_{d-f,\, t-1} \right] \quad (2\text{-}13)$$

通过对理论模型的推导，我们发现了两种均衡——基本面均衡和非基本面均衡。表 2-1 总结了基本面均衡类型、非基本面均衡类型、相应的稳定条件和异质交易者权重。详细证明可参见本章附录 1 和本章附录 2。由于篇幅有限，本章附录仅给出部分异质均衡和同质均衡的证明部分，其他均衡的证明方法类似。

表 2-1 均衡类型、稳定条件和市场权重

均衡类型	均衡值	稳定条件	ω^f	ω^c	ω^r
异质均衡 I	$-\dfrac{\gamma\theta\Delta r}{3(1-\theta)+\alpha\theta}$	$\dfrac{\theta\beta}{3}<1$	$\dfrac{1}{3}$	$\dfrac{1}{3}$	$\dfrac{1}{3}$
异质均衡 II	0	$\dfrac{\theta\beta}{2}<1$	$\dfrac{1}{2}$	$\dfrac{1}{2}$	0
异质均衡 III	$\dfrac{-\gamma\theta\Delta r}{2(1-\theta)+\alpha\theta}$	$\alpha>0$	$\dfrac{1}{2}$	0	$\dfrac{1}{2}$
异质均衡 IV	$\dfrac{-\gamma\theta\Delta r}{2(1-\theta)}$	$\dfrac{\theta\beta}{2}<1$	0	$\dfrac{1}{2}$	$\dfrac{1}{2}$
同质均衡 I	0	$\alpha>0$	1	0	0
同质均衡 II	0	$\theta\beta<1$	0	1	0
同质均衡 III	$-\dfrac{\gamma\theta\Delta r}{1-\theta}$	$\theta<1$	0	0	1

基本面均衡指均衡汇率 $\bar{s}$ 等于基本面水平 s^*，其所对应的交易者权重的分布不同：第一种基本面均衡是异质均衡 II，基本面交易者和技术交易者权重分别为 $\omega^f = \omega^c = \dfrac{1}{2}$，利差交易者并没有进入市场，即 $\omega^r = 0$。第二种基本面均衡是同质均衡 I，即市场仅存在基本面交易者，即 $\omega^f = 1$ 和 $\omega^c = 0$，$\omega^r = 0$。第三种基本面均衡是同质均衡 II，市场仅存在技术交易者，即 $\omega^c =$

1 和 $\omega^f = 0$，$\omega^r = 0$。

非基本面均衡指均衡汇率 $\bar{s}$ 不等于基本面水平 s^*，此时利差交易者始终存在于市场之中，并且非基本面均衡所对应的交易者权重的分布和均衡值不同。第一种非基本面均衡是异质均衡 I，其交易者权重满足 $\omega^f = \omega^c = \omega^r = \dfrac{1}{3}$。第二种非基本面均衡是异质均衡 III，市场仅存在基本面交易者和利差交易者，其权重满足 $\omega^f = \omega^r = \dfrac{1}{2}$。第三种非基本面均衡是异质均衡 IV，仅技术交易者和利差交易者存在，其权重满足 $\omega^c = \omega^r = \dfrac{1}{2}$。第四种非基本面均衡是同质均衡 III，市场仅存在利差交易者，交易者权重满足 $\omega^r = 1$，$\omega^f = 0$ 和 $\omega^c = 0$。

De Grauwe 和 Markiewicz(2013)讨论的两类异质交易者情形下的异质均衡最终都是基本面均衡，而本节的结论表明，当利差交易者存在时外汇市场出现了非基本面均衡。由于非基本面均衡是由利差交易行为引起，利差交易者主要利用远期溢价之谜而获利，那么，在利差交易者存在的市场，远期溢价之谜可能长期存在，因此非基本面均衡也暗示了远期溢价之谜可能是一种市场常态，而并不如 Chinn 和 Meredith (2004)所述仅是一种短期现象，或者如 Zhou 等(2005)所述主要依赖于采样周期。

此外，不同均衡所对应的稳定条件取决于基本面的回归系数、技术交易者的外推系数及汇率的折现因子之间的关系。由于折现因子 $0 < \theta < 1$，因此同质均衡 III 始终稳定。当基本面交易者遵循均值回复预期，即 $0 < \alpha < 1$，则异质均衡 III 和同质均衡 I 是稳定的。进一步地，当 $\beta < 1$，由于 $0 < \theta < 1$，因此 $\theta\beta < 1$，则异质均衡 I、II 和 IV 以及同质均衡 II 是稳定的，说明稳定均衡汇率下技术交易者预期的外推系数较小，与 Manzan 和 Westerhoff(2007)关于 $\beta < 1$ 的结论一致。另外，De Grauwe 和 Grimaldi (2005,2006)在关于外推系数 β 对均衡汇率的敏感性分析中指出，当 β 取较小的数值(一般不超过 0.95)，均衡汇率是稳定的，否则，均衡汇率可能会出现混沌现象。本节的结论与之一致。

2.3　模拟仿真

本节将通过模拟仿真来研究模型的动态性质。首先,设定模型的参数,对理论模型进行模拟仿真;其次,通过改变参数设定,考察两国利率变化和利差交易者行为变化对汇率的影响。

2.3.1　理论模型仿真

在对理论模型进行模拟仿真之前,先设定模型的参数、变量初始值和随机过程。令 $i_{d,t-1}=\ln(1+r_{d,t-1})$, $i_{f,t-1}=\ln(1+r_{f,t-1})$,假设国内外利率的随机过程满足以下式子:

$$i_{d,t}=i_{d,t-1}+\varepsilon_{d,t} \tag{2-14}$$

$$i_{f,t}=i_{f,t-1}+\varepsilon_{f,t} \tag{2-15}$$

其中,设定 $\varepsilon_{d,t}\sim N(0,0.005)$, $\varepsilon_{f,t}\sim N(0,0.005)$,另外,假设式(2-2)中基本面汇率的随机扰动项 $\eta_t\sim N(0,0.0001)$ 。 状态变量的初始值分别为: $s_1=s_2=s_3=0.1$, $s_2^*=s_3^*=0.1$, $r_0^d=0.02$, $r_0^f=0.01$ 。

表 2-2 是理论模型的参数设定。按照 De Grauwe 和 Grimaldi(2006),Jongen 等(2012)的研究,具有均值回复预期的基本面交易策略和具有外推预期的技术交易策略对投资者来说是有吸引力的投资策略,因此我们假设 $\alpha=0.2$, $\beta=0.9$ 。 不失一般性,假设利差交易者预期系数 $\gamma=0.7$,选择密度参数 $\delta=10$,风险厌恶系数 $\mu=1$,两国利差阈值 $\tau=0.03$ 。

图 2-1 和图 2-2 分别代表理论模型在以上固定参数、变量初始值和随机过程设定下迭代 10 000 次的两个模拟过程。其中图 2-1 和图 2-2 中的第一幅图代表模拟的市场汇率与基本面汇率,第二幅图代表三类异质交易者在市场的动态权重,第三幅图代表本国利率、国外利率、两国利差及利差

阈值的动态过程。

表 2-2　参数表

参数	数值	含义
α	0.2	基本面交易者的均值回复速度
β	0.9	技术交易者的外推参数
γ	0.7	利差对汇率的影响程度
τ	0.03	两国利差的阈值
δ	10	选择密度参数,反映机制转换的快慢
μ	1	风险厌恶系数

　　首先,当两国利差大于利差阈值,利差交易者与基本面交易者、技术交易者共同存在于市场,由于利差交易者对本币抱有升值预期,从而使得市场汇率对基本面水平有下行的压力,加上技术交易者有加强趋势的作用,因此,市场汇率向下偏离基本面水平。当两国利差小于利差阈值,仅基本面交易者和技术交易者存在于市场,市场汇率回复基本面水平。其次,图 2-1 与图 2-2 所示的两组模拟结果均显示了市场汇率的两个阶段——基本面水平回复阶段和偏离基本面水平的泡沫阶段的动态过程。相比较而言,模拟 1 展示了短期泡沫阶段,而模拟 2 展示了长期泡沫阶段。以模拟 2 为例,在整个模拟期间内,利差持续超过阈值,利差交易者有利可图,对市场汇率有强烈的下行压力,产生了泡沫的源头,在技术交易者的推波助澜下,泡沫得以持续和加强,因此在整个模拟期间内,市场汇率除了在 $t = 6\,522$ 和 $t = 7\,002$ 附近短暂回复基本面水平,其他时段均处于泡沫阶段。模拟 2 结果表明利差交易者的长期存在导致了均衡汇率对基本面水平的长期偏离,若频率以日计算,市场汇率要经历 18 年（6 522/365）才回复到基本面水平。显然这是比较极端的情况。而在模拟 1 中,某些时段,由于两国利差的缩小,甚至出现倒挂,利差交易者出于避险情绪而选择平仓,此时基本面交易者和技术交易者主导市场,汇率回归基本面水平。由于利差交易者频繁进出市场,均衡汇率对基本面水平回复的周期明显缩短。

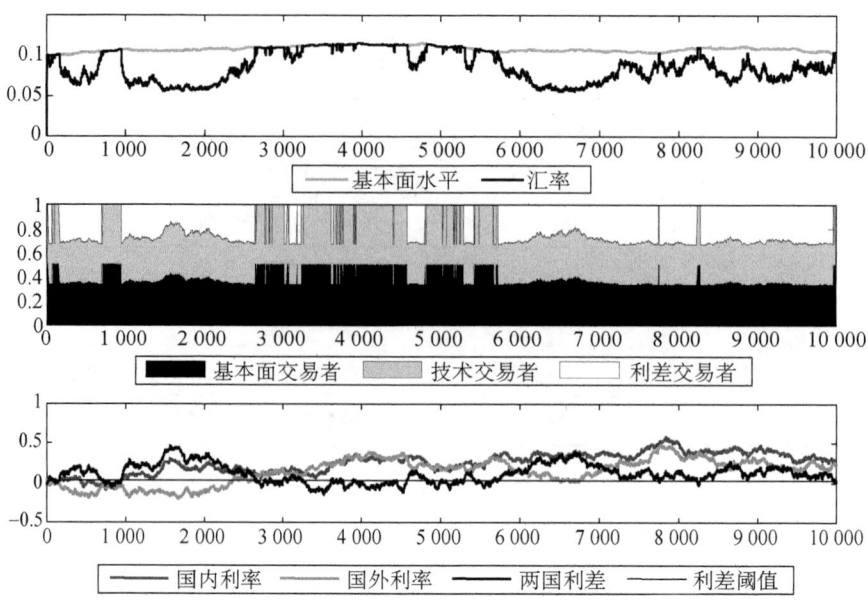

图 2-1　理论模型的模拟 1

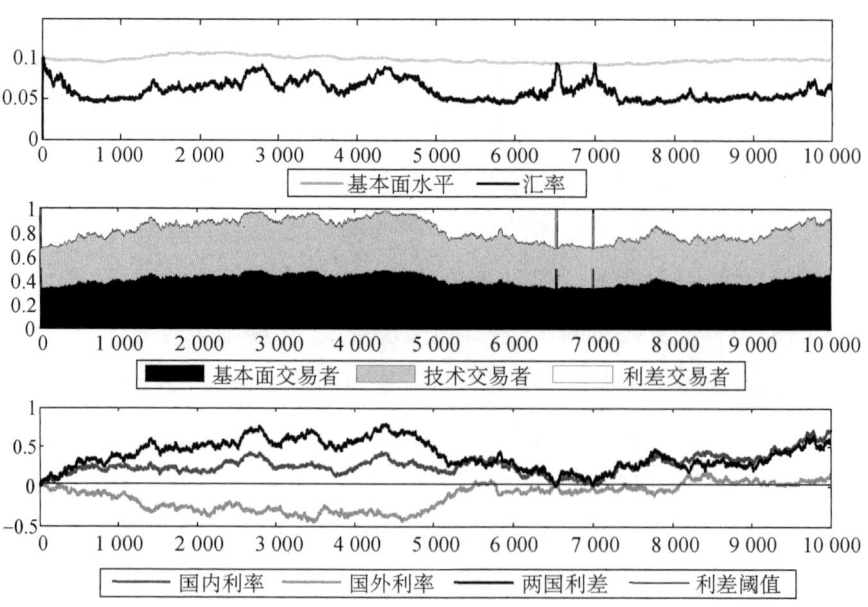

图 2-2　理论模型的模拟 2

2.3.2　利率变化对汇率的影响

当两国利差大于利差阈值,利率可以通过利差交易者行为影响市场汇率。假设其他参数、初始值和随机过程设定不变,为了使效果更加明显,本研究加大本国利率变化的区间,假设本国初始利率在 0 到 0.6 之间变化,来考察利率变化对市场汇率的影响。

图 2-3 所示内容是针对国内利率初始值 r_0^d 的四组不同取值对理论模型进行的模拟。图 2-3a 至图 2-3d 对应的本国初始利率数值分别为0、0.2、0.4 和 0.6,其中深色线代表模拟的市场汇率,浅色线代表基本面水平。由于设定国外利率初始值为 0.01,利差阈值为 0.03,在图 2-3a 中,当国内初始利率为 0,则两国利差为负,并在整个模拟期间未超过阈值,利差交易者没有进入市场,因此,市场汇率并未偏离基本面水平。在图 2-3b 至图 2-3d 中,由于初始利差超过阈值,利差交易者行为使得市场汇率在初始

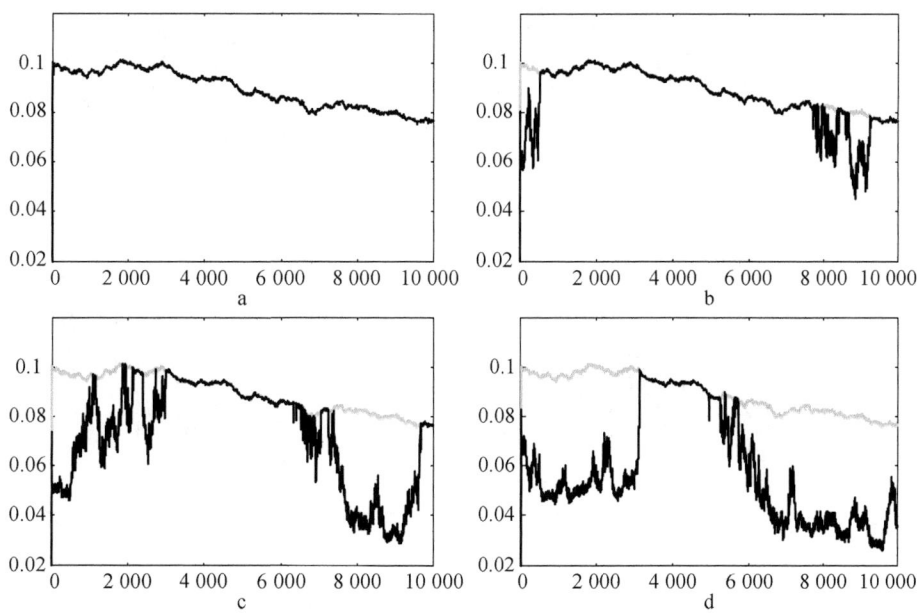

图 2-3　利率对汇率的影响

时刻均对基本面水平有所偏离,且其偏离程度随 r_0^d 的增加而增大。尤其对于图 2-3d所示的情况,自 $t=5\,700$ 以后,两国利差的加大使得市场汇率继续偏离基本面,泡沫进一步积累且加深,直至模拟期结束,市场汇率并未回归基本面水平。

2.3.3　利差交易行为对汇率的影响

图 2-4 显示了理论模型针对参数 γ 的四组不同取值的模拟仿真。其中图 2-4a 至图 2-4d 分别对应着 γ 的数值为 0.3、0.5、0.7 和 0.9。

参数 γ 反映了两国利差对利差交易者预期的影响程度。根据式(2-5),若两国利差(本国利率-国外利率)为正,当 γ 增大,本币升值预期越大。在直接标价法下,汇率对基本面水平会有向下的偏离。并且随着参数 γ 增大,市场汇率对基本面水平的偏离程度加大(如图 2-4 所示)。

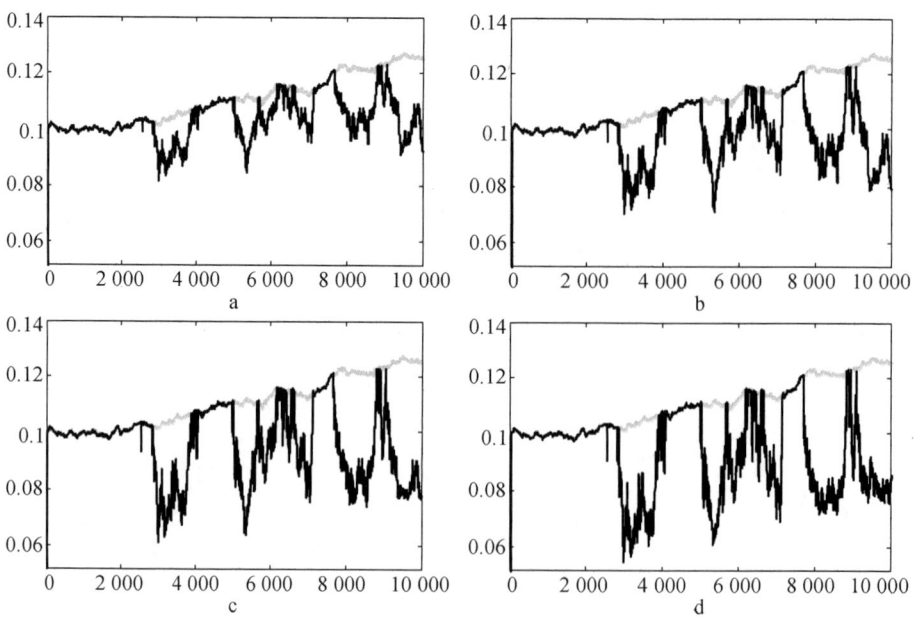

图 2-4　利差交易者行为对汇率的影响

2.4　本章小结

本章从异质交易者行为的视角出发,构建了包含利差交易者、基本面交易者和技术交易者的汇率决定模型,并在异质交易者行为框架下分析了汇率的异质均衡性质,对人民币均衡汇率研究提供理论依据。

1. 理论研究的结果

(1)外汇市场存在七种均衡情况,包括三种基本面均衡和四种非基本面均衡。

(2)利差交易者行为导致了均衡汇率偏离了基本面水平。

(3)均衡汇率的稳定条件与基本面交易者的回归系数、技术交易者的外推系数和汇率预期的折现因子有关。

通过模拟仿真分析,我们验证了理论模型的假设,即两国利差是决定利差交易者行为的重要因素,利差交易者行为是导致市场汇率偏离基本面水平的原因。

2. 本章对人民币汇率的政策含义

(1)未来人民币汇率中间价将参考市场均衡汇率形成,而本章对汇率均衡价格的异质性的探讨,为人民币汇率中间价提供了参考。未来人民币汇率中间价除了参考外汇市场供求关系,还要参考异质交易者的市场预期,因此,需要重视对市场预期的调研分析,以形成合理报价;进一步地,央行可以对市场预期加以引导,来实现外汇政策的目标。

(2)市场交易者对汇率预期的分歧越严重,波动就会越剧烈,因此未来由异质预期决定的人民币汇率波动是常态。

(3)由于利差交易者行为会导致均衡汇率偏离基本面水平,形成新的均衡,因此需要充分重视利差交易者行为的监控。目前,一些发达国家的央行,如欧洲中央银行、英格兰银行和日本银行,都已进入"零利率陷阱"。迫于这种外部压力,中国金融抑制还需要持续一段时间,因此无法通过实施与国际保持一致的利率政策来实现对利差交易者行为的调控,但可以通过增强汇率的弹性、扩大汇率双边波动的区间,以减少套息行为的冲击。此外,我国需要对跨境流动资金进行适度监测预警并完善应对预案,以防跨境资本过度流动。

本章附录 1

令 $a=\theta(1-\alpha\omega_t^f+\beta\omega_t^c)$，$b=\theta\beta\omega_t^c$ 和 $c=-\theta\gamma\omega_t^r\Delta r_{d-f,\,t-1}$，由于 $0<\theta<1$，$0<\alpha<1$，$\beta>0$ 和 $0\leqslant\omega_t^i(i=f,\,c,\,r)\leqslant1$，因此 $a>0$ 和 $b\geqslant0$。式(2-13)可以改写成：

$$s_t-as_{t-1}+bs_{t-2}=c \tag{2-16}$$

一旦 ω_t^f，ω_t^c 和 ω_t^r 确定，则 a、b、c 是常数，式(2-16)是二阶线性常系数非齐次差分方程。因此对式(2-13)均衡汇率的求解和稳定性条件的讨论可以转化成对式(2-16)的平稳点及其稳定性的分析。令 $s_t=s_{t-1}=s_{t-2}=\bar s$，当 $c=0$，式(2-16)的特解 $\bar s$ 为 0；当 $c\neq0$ 且 $1-a+b\neq0$，其特解为 $c/(1-a+b)$。不论何种情况，$\bar s$ 为平衡点。

下面主要讨论平衡点 $\bar s$ 的稳定性。式(2-16)的特征方程为 $\lambda^2-a\lambda+b=0$，特征根为 $\lambda_{1,2}=(a\pm\sqrt\Delta)/2$，其中 $\Delta=a^2-4b$。当 $\Delta=0$，则 $|\lambda_1|=|\lambda_2|<1$，可得 $a<2,b<1$。当 $\Delta>0$，由于 $a>0,b\geqslant0$，则 $|\lambda_2|<\lambda_1<1$，可得 $a<2,b<1$ 且 $1-a+b>0$。当 $\Delta<0$，根据韦达定理，$|\lambda_1\lambda_2|<1$，可得 $a<2,b<1$。由于 $0<\theta<1$，$0<a<1$ 和 $0\leqslant\omega^f\leqslant1$，因此 $1-a+b>0$ 总是成立的。同时，当 $b<1$ 和 $1-a+b>0$，则 $a/2<1$ 总是成立的。综上所述，平衡点 $\bar s$ 的稳定性条件是 $b<1$。将 b 代入，得 $\theta\beta\omega^c<1$。

定义 $m_t=\omega_{t-1}^f-\omega_{t-1}^c$，$n_t=\omega_{t-1}^f-\omega_{t-1}^r$，其中 ω_{t-1}^f，ω_{t-1}^c 和 ω_{t-1}^r 的含义与正文中式(2-7)和(2-8)的含义相同。设：

$$m_t=\tanh\left[\frac{\delta}{2}(\pi_{t-1}^f-\pi_{t-1}^c)\right] \tag{2-17}$$

$$n_t=\tanh\left[\frac{\delta}{2}(\pi_{t-1}^f-\pi_{t-1}^r)\right] \tag{2-18}$$

上式中，π_{t-1}^f，π_{t-1}^c，π_{t-1}^r 分别代表基本面交易者、技术交易者和利差交易者的利润函数,见本章正文中的式(2-10)。三类交易者利润函数中的示性函数共有如表2-3中所示的27种组合。

表 2-3　三类交易者利润函数可能的组合

	(1)	(2)	(3)	(4)	(5)	(6)	(7)	(8)	(9)
$\mathrm{sgn}\big[\widehat{E}^f_{t-2}(\Delta s_{t-1})-\Delta r_{d-f,\,t-1}\big]$	0	1	-1	0	-1	-1	1	0	1
$\mathrm{sgn}\big[\widehat{E}^c_{t-2}(\Delta s_{t-1})-\Delta r_{d-f,\,t-1}\big]$	0	1	-1	0	-1	-1	0	-1	-1
$\mathrm{sgn}\big[\widehat{E}^r_{t-2}(\Delta s_{t-1})-\Delta r_{d-f,\,t-1}\big]$	0	1	-1	1	0	1	0	-1	0

	(10)	(11)	(12)	(13)	(14)	(15)	(16)	(17)	(18)
$\mathrm{sgn}\big[\widehat{E}^f_{t-2}(\Delta s_{t-1})-\Delta r_{d-f,\,t-1}\big]$	1	1	0	-1	-1	1	0	1	0
$\mathrm{sgn}\big[\widehat{E}^c_{t-2}(\Delta s_{t-1})-\Delta r_{d-f,\,t-1}\big]$	0	-1	1	0	1	1	0	1	1
$\mathrm{sgn}\big[\widehat{E}^r_{t-2}(\Delta s_{t-1})-\Delta r_{d-f,\,t-1}\big]$	-1	-1	0	-1	-1	0	-1	-1	1

	(19)	(20)	(21)	(22)	(23)	(24)	(25)	(26)	(27)
$\mathrm{sgn}\big[\widehat{E}^f_{t-2}(\Delta s_{t-1})-\Delta r_{d-f,\,t-1}\big]$	-1	-1	-1	-1	0	1	1	0	0
$\mathrm{sgn}\big[\widehat{E}^c_{t-2}(\Delta s_{t-1})-\Delta r_{d-f,\,t-1}\big]$	0	0	1	1	-1	0	-1	1	-1
$\mathrm{sgn}\big[\widehat{E}^r_{t-2}(\Delta s_{t-1})-\Delta r_{d-f,\,t-1}\big]$	0	1	0	1	0	1	1	-1	1

以下分别对27种组合进行分析。

组合(1):若三类交易者的所有预期规则表明未来的利润为0,即$\mathrm{sgn}(x)=0$,将之代入式(2-10)和式(2-17)、式(2-18),得$m_t=\omega^f_{t-1}-\omega^c_{t-1}=0$,$n_t=\omega^f_{t-1}-\omega^r_{t-1}=0$。又由$\omega^f_{t-1}+\omega^c_{t-1}+\omega^r_{t-1}=1$,得$\omega^f_{t-1}=\omega^c_{t-1}=\omega^r_{t-1}=1/3$。由上述平稳点和稳定性条件分析可知,均衡汇率$\bar{s}=-\theta\gamma\Delta r/[3(1-\theta)+\alpha\theta]$,因此均衡汇率并不等于基本面水平,是非基本面均衡解。当$\theta\beta/3<1$时,非基本面均衡解是稳定的。

组合(2):若所有的预期规则都预测未来利润为正,即$\mathrm{sgn}(x)=1$,将之代入式(2-10)、式(2-17)和式(2-18),三类交易者之间的利润相互抵消,得$m_t=0$,$n_t=0$,因此得到与组合(1)一样的均衡解。

组合(3):若所有的预期规则都预测未来利润为负,即$\mathrm{sgn}(x)=-1$,三类交易者之间的损失相互抵消,得 $m_t=0$, $n_t=0$,也得到与组合(1)相同的均衡解。

组合(4):若基本面交易者和技术交易者预期未来利润为 0,而利差交易者预测未来利润为正,则 $m_t=0$, 当 $\delta \to \infty$, $n_t=\tanh\left[-\dfrac{\delta}{2}(\Delta s_{t-1}-\Delta r_{d-f,t-1})\right]=-1$。由 $m_t=\omega_{t-1}^f-\omega_{t-1}^c=0$, $n_t=\omega_{t-1}^t-\omega_{t-1}^r=-1$ 和 $\omega_{t-1}^f+\omega_{t-1}^c+\omega_{t-1}^r=1$,得 $\omega_{t-1}^r=1$, $\omega_{t-1}^f=\omega_{t-1}^c=0$。由上述平稳点和稳定性条件分析可知,均衡汇率 $\bar{s}=-\gamma\theta\Delta r/(1-\theta)$,因此均衡汇率并不等于基本面水平,是非基本面均衡解。当 $\theta<1$ 时非基本面均衡解是稳定的。由于折现因子 $0<\theta<1$,因此 $\theta<1$ 始终成立。

组合(5)和组合(6)与组合(4)的结论相同。

组合(7):若基本面交易者预期未来利润为正,而技术交易者和利差交易者预期未来利润为 0,则当 $\delta \to \infty$,有 $m_t=n_t=\tanh\left[\dfrac{\delta}{2}(\Delta s_{t-1}-\Delta r_{d-f,t-1})\right]=1$。由 $\omega_{t-1}^f+\omega_{t-1}^c+\omega_{t-1}^r=1$,得 $\omega_{t-1}^f=1$ 和 $\omega_{t-1}^c=\omega_{t-1}^r=0$。由上述平稳点和稳定性条件分析可知,均衡汇率 $\bar{s}=0$,此时均衡汇率等于基本面水平。当 $\alpha>0$ 时,基本面均衡解是稳定的。

据分析,组合(8)至组合(11)的结论与组合(7)相同。

组合(12):若技术交易者预期未来利润为正,而基本面交易者和利差交易者预期未来利润为 0,则当 $\delta \to \infty$, $m_t=\omega_{t-1}^f-\omega_{t-1}^c=\tanh\left[-\dfrac{\delta}{2}(\Delta s_{t-1}-\Delta r_{d-f,t-1})\right]=-1$, $n_t=\omega_{t-1}^f-\omega_{t-1}^r=0$。由 $\omega_{t-1}^f+\omega_{t-1}^c+\omega_{t-1}^r=1$,得 $\omega_{t-1}^f=\omega_{t-1}^r=0$ 和 $\omega_{t-1}^c=1$。由上述平稳点和稳定性条件分析可知,均衡汇率 $\bar{s}=0$,此时均衡汇率等于基本面水平,是基本面均衡解。当 $\theta\beta<1$ 时,基本面均衡解是稳定的。

据分析,组合(13)和组合(14)的结论与组合(12)相同。

由于 $0\leqslant \omega_{t-1}^f$, ω_{t-1}^c, $\omega_{t-1}^r \leqslant 1$,余下的组合(15)至组合(27)所得到的 ω_{t-1}^f, ω_{t-1}^c, ω_{t-1}^r 均不符合这一条件,因此是无效的。

总结来看,我们得到四种均衡,这四种均衡和稳定条件如表2-4所示。

第一种均衡是基本面交易者、技术交易者和利差交易者共存的异质均衡,如组合(1)至组合(3)。由于三类交易者对未来利润的预测均是同向的,根据式(2-10)、式(2-17)和式(2-18),得出三类交易者的权重是相同的。如果 $\theta\beta/3 < 1$,则此异质均衡是稳定的。

第二种均衡是同质均衡,其中利差交易规则优于基本面交易和技术交易规则,如组合(4)至组合(6)。此时 $\omega_{t-1}^f = \omega_{t-1}^c = 0$ 且 $\omega_{t-1}^r = 1$。 如果 $\theta < 1$,利差交易者均衡是稳定的。

第三种均衡是同质均衡,其中基本面交易规则优于技术交易和利差交易规则,如组合(7)至组合(11)。此时 $\omega_{t-1}^f = 1$ 且 $\omega_{t-1}^c = \omega_{t-1}^r = 0$。 如果 $\alpha > 0$,基本面交易者均衡是稳定的。

第四种均衡也是同质均衡,其中利差交易规则优于基本面交易和技术交易规则,如组合(12)至组合(14)。此时 $\omega_{t-1}^c = 1$ 且 $\omega_{t-1}^f = \omega_{t-1}^r = 0$。如果 $\theta\beta < 1$,技术交易者均衡是稳定的。

表2-4　均衡和稳定条件

均衡类型	均衡值	稳定条件	ω^f	ω^c	ω^r
异质均衡	$-\gamma\theta\Delta r/[3(1-\theta)+\alpha\theta]$	$\theta\beta/3 < 1$	1/3	1/3	1/3
基本面交易者均衡	0	$\alpha > 0$	1	0	0
技术交易者均衡	0	$\theta\beta < 1$	0	1	0
利差交易者均衡	$-\gamma\theta\Delta r/(1-\theta)$	$\theta < 1$	0	0	1

本章附录 2

本章附录 1 仅讨论了市场存在一类或三类交易者的情况，但是市场也可能仅存在两类交易者。显然，De Grauwe 和 Markiewicz(2013)在基本面交易者和技术交易者模型中对汇率的均衡分析是该模型的特例。接下来，本研究对市场上仅存在利差交易者和技术交易者的情况（见表 2-5）进行分析。

定义 $g_t = \omega_{t-1}^c - \omega_{t-1}^r$，令

$$g_t = \tanh\left[\frac{\delta}{2}(\pi_{t-1}^c - \pi_{t-1}^r)\right] \tag{2-19}$$

表 2-5　技术交易者和利差交易者利润函数可能的组合

	(1)	(2)	(3)	(4)	(5)	(6)	(7)	(8)	(9)
$\mathrm{sgn}\left[\hat{E}_{t-2}^c(\Delta s_{t-1}) - \Delta r_{d-f,\,t-1}\right]$	0	1	−1	0	1	−1	0	1	−1
$\mathrm{sgn}\left[\hat{E}_{t-2}^r(\Delta s_{t-1}) - \Delta r_{d-f,\,t-1}\right]$	0	1	−1	1	0	0	−1	−1	1

组合（1）：若技术交易者和利差交易者均预测未来利润为 0，即 $\mathrm{sgn}(x)=0$。将之代入式(2-10)和式(2-19)，得 $g_t = \omega_{t-1}^c - \omega_{t-1}^r = 0$。又由 $\omega_{t-1}^c + \omega_{t-1}^r = 1$，得 $\omega_{t-1}^c = \omega_{t-1}^r = 1/2$。由附录 1 关于平稳点和稳定性条件分析可知，均衡汇率 $\bar{s} = -\gamma\theta\Delta r/2(1-\theta)$，因此均衡汇率并不等于基本面水平，是非基本面均衡解。当 $\theta\beta/2 < 1$ 时，非基本面均衡解是稳定的。

组合（2）：若所有的预期规则都预测未来利润为正，即 $\mathrm{sgn}(x)=1$，将之代入式(2-10)和式(2-19)，两类交易者之间的利润相互抵消，得 $g_t = 0$，因此得到与组合（1）一样的均衡解。

组合（3）：若所有的预期规则都预测未来利润为负，即 $\mathrm{sgn}(x)=-1$，将之代入式(2-10)和式(2-19)，两类交易者之间的损失相互抵消，得 $g_t = 0$，因此得到与组合（1）一样的均衡解。

组合(4):若技术交易者预期未来利润为 0,而利差交易者预测未来利润为负,当 $\delta \to \infty$,则 $g_t = -1$。由 $\omega_{t-1}^c + \omega_{t-1}^r = 1$,得 $\omega_{t-1}^c = 0$ 和 $\omega_{t-1}^r = 1$。由附录 1 的平稳点和稳定性条件分析可知,均衡汇率 $\bar{s} = -\gamma\theta\Delta r/(1-\theta)$,因此均衡汇率并不等于基本面水平,是非基本面均衡解。当 $\theta < 1$ 时,非基本面均衡解是稳定的。由于折现因子 $0 < \theta < 1$,因此 $\theta < 1$ 始终成立。

组合(5):若技术交易者预期未来利润为正,而利差交易者预测未来利润为 0,当 $\delta \to \infty$,则 $g_t = 1$。由 $\omega_{t-1}^c + \omega_{t-1}^r = 1$,得 $\omega_{t-1}^c = 1$ 和 $\omega_{t-1}^r = 0$。由附录 1 的平稳点和稳定性条件分析可知,均衡汇率 $\bar{s} = 0$,是基本面均衡解。当 $\theta\beta < 1$ 时,基本面均衡解是稳定的。

最后,组合(6)和组合(9)与组合(4)的结论相同,组合(7)和组合(8)与组合(5)的结论相同。

总结来看,我们得到三种均衡,这三种均衡和稳定条件如表 2-6 所示。

第一种均衡是技术交易者和利差交易者共存的异质均衡,如组合(1)至组合(3)。由于两类交易者对未来利润的预测均是同向的,因此两类交易者的权重是相同的。如果 $\theta\beta/2 < 1$,则此异质均衡是稳定的。

第二种均衡是同质均衡,其中利差交易规则优于技术交易规则,如组合(4)、组合(6)和组合(9)。此时,$\omega_{t-1}^c = 0$ 和 $\omega_{t-1}^r = 1$。如果 $\theta < 1$,利差交易者均衡是稳定的。

第三种均衡是同质均衡,其中技术交易规则优于利差交易规则,如组合(5)、组合(7)和组合(8)。此时,$\omega_{t-1}^c = 1$ 和 $\omega_{t-1}^r = 0$。如果 $\theta\beta < 1$,技术交易者均衡是稳定的。

表 2-6　均衡和稳定条件

均衡类型	均衡值	稳定条件	ω^f	ω^c	ω^r
异质均衡	$-\gamma\theta\Delta r/2(1-\theta)$	$\theta\beta/2 < 1$	0	1/2	1/2
利差交易者均衡	$-\gamma\theta\Delta r/(1-\theta)$	$\theta < 1$	0	0	1
技术交易者均衡	0	$\theta\beta < 1$	0	1	0

第三章　考虑利差交易行为的汇率微观决定实证模型

与静态异质交易者模型相比,动态异质交易者模型引入了交易者的学习机制。由 Brock 和 Hommes(1997,1998)率先提出的动态异质交易者模型已被广泛应用于不同的资产类别。[①] 具体对外汇市场而言,诸多文献利用动态异质交易者模型来拟合均衡汇率,并发现动态异质交易者模型在样本外预测中的表现优于随机游走和静态异质交易者模型。[②]

通过引入利差交易者,本章将 De Grauwe 和 Markiewicz(2013)的基本面交易者和技术交易者(C&F)模型扩展到三类交易者的动态异质交易者模型。众所周知,利差交易者在汇率动态中扮演着不可忽略的角色,而引入利差交易者的模型具有更好的预测能力(Jongen 等,2012),并且能解释大量的金融异象,包括远期溢价之谜(Spronk 等,2013)。

以往文献对异质交易者模型的实证方法一般用模拟仿真。例如,Jongen 等(2012)使用调查的预测数据来检验外汇市场参与者预期的分散性。Spronk 等(2013)利用模拟方法来解释远期溢价之谜。与以往研究不同的是,我们利用市场数据(即欧元/美元汇率和美元/日元汇率)对包含利差交易者的异质交易者模型进行实证分析,以考察外汇市场中的异质交易

---

① 参考文献 Hommes 和 Wagener (2009),Ellen 等 (2017),Ellen 和 Verschoor (2013),Lux 和 Zwinkels (2018)。

② 参考文献 De Grauwe 和 Grimaldi (2005a, 2005b, 2006),Manzan 和 Westerhoff (2007),Kozhan 和 Salmon (2009),De Jong 等 (2010),Dewachter 等 (2011),De Grauwe 和 Markiewicz (2013),Flaschel 和 Hartmann (2015),Buncic 和 Piras (2016),Suzuki (2016),Stanek 和 Kukacka (2018)等。

者行为。

由于基本面汇率是不可观察的状态变量,本章使用状态空间估计方法来估计模型。卡尔曼滤波是一种计算最佳状态向量估计的递归程序,能随着信息的到达不断地更新状态向量的估计。当扰动和初始的状态向量是正态分布时,卡尔曼滤波可用于计算似然函数,由此可得到任何未知参数的估计,并且提供了统计检验和模型设定的结果(Schwartz,1997)。但是,对于非线性模型,卡尔曼滤波和扩展的卡尔曼滤波直接用解析的方法来求解贝叶斯递推公式比较困难,很难得到各个概率分布的均值和方差,但无迹变换(一种计算非线性随机变量各阶矩的近似方法)通过采样和权重,可以近似获得均值和方差,从而可以较好地解决这个问题。因此,鉴于模型的高度非线性,本章利用无迹卡尔曼滤波器(unscented Kalman filter,UKF)和极大似然估计(MLE)的方法来估计模型。

3.1 异质交易者实证模型

本章是在第二章中异质交易者理论模型的基础上建立的实证模型。因此,结合第二章中的式(2-1)至式(2-12),式(2-12)的汇率决定式可以进一步写为汇率关于以下变量的函数:

$$s_t = s_t(s_{t-1}, s_{t-2}, \Delta s_{t-1}, \Delta s_{t-2}, \Delta r_{t-1}, \Delta r_{t-2}, s_t^*, s_{t-1}^*, s_{t-2}^*) \quad (3-1)$$

对于不可观测的基本面汇率 s_t^*,在第二章的异质交易者理论模型中,假设基本面汇率服从随机游走过程。但实际上,以往文献有多种模型用于计算基本面汇率,例如购买力平价(PPP)模型(Manzan 和 Westerhoff,2007;Jongen 等,2012;Ellen 等,2013)、无抵补利率平价(UIP)模型(Kozhan 和 Salmon,2009;Spronk 等,2013)和货币模型(De Grauwe 等,2013;Goldbaum 和 Zwinkels,2014;Ibhagui,2019)等。De Grauwe 等(2005b)假设基本面汇率是无漂移的随机游走过程。De Jong 等(2010)使用固定汇率制度下的中央平价汇率作为基本面汇率。根据 Kozhan 和 Salmon(2009)和 Spronk 等(2013)的观点,本章假定基本面汇率遵循无抵补利率平价条件,则:

$$s_t^* = s_{t-1}^* + \Delta r_{d-f, t-1} + \sigma_{s^*} \epsilon_t \tag{3-2}$$

其中,ϵ_t 代表白噪声过程。$\Delta r_{d-f, t-1} = \ln(1+r_{d, t-1}) - \ln(1+r_{f, t-1})$,代表国内外对数利差,其中 $r_{d, t-1}$ 和 $r_{f, t-1}$ 分别代表国内和国外利率。

在现实中,我们难以观测到式(3-2)中的基本面汇率 s_t^*,而只能观测到式(3-1)中的现实市场汇率 s_t、现实汇率变动的历史信息,以及两国利差等经济信息。可见,式(3-1)和式(3-2)分别构成了卡尔曼滤波模型的观测方程和状态方程。但是,由于式(3-1)和式(3-2)为非线性方程,传统的线性卡尔曼滤波方法不能适用,因此本章采用能够很好解决非线性问题的无迹卡尔曼滤波法。

将式(3-1)和式(3-2)表示成如下无迹卡尔曼滤波模型的状态空间形式:

$$y_t = f(x_t, u_t, n_t) \tag{3-3}$$

$$x_t = h(x_{t-1}, u_t, v_t) \tag{3-4}$$

其中,$y_t \in R^{n_y}$ 代表市场出清汇率 s_t,$x_t \in R^{n_x}$ 代表不可观测的基本面汇率 $[\ln(s_t^*), \ln(s_{t-1}^*), \ln(s_{t-2}^*)]^T$。$u_t \in R^{n_u}$ 代表输入变量 $[s_{t-1}, s_{t-2}, \Delta s_{t-1}, \Delta s_{t-2}, \Delta r_{t-1}, \Delta r_{t-2}]^T$。$n_t \in R^{n_n}$ 为观测噪声。$v_t \in R^{n_v}$ 为状态噪声。函数 f 代表输出观测模型,对应于可观测的市场汇率。函数 h 代表状态转换模型,对应于不可观测的基本面汇率。

在 UKF 方法中,对于非线性问题的解决,是采用 UT 变换的方法。UT 变换思想为:假如基于式(3-3)的 $y = f(x)$ 的非线性函数,根据 x 的均值 $\bar{x}$ 和协方差 P_{xx} 来计算预测值 y 的均值 $\bar{y}$ 和协方差 P_{yy},则可选择一些点使得其样本均值和样本协方差分别为 $\bar{x}$ 和 P_{xx},将这些点代入非线性函数得到变换后的点,相应的样本均值和样本协方差即为 $\bar{y}$ 和 P_{yy}。关于样本点的选择,均值为 $\bar{x}$ 和协方差为 P_{xx} 的随机变量 x 可以用 $2n_a + 1$ 个加权 sigma 点来选择(李晓峰、陈华,2012)。

将状态变量、状态噪声变量和观测噪声变量合成一个变量考虑,令 $x_t^a = [x_t^T \ v_t^T \ n_t^T]^T$,假设 $x_{t|t}^a$ 和 $P_{t|t}^a$ 分别代表向量 x_t^a 在 t 时刻的均值和协方差,为了捕捉 x_t^a 的真实均值和方差,我们选取 n_a 个加权 sigma 点 $\varphi_i = \{W_i, \chi_i^a\}$,其中 $n_a = n_x + n_\omega + n_n$。利用 UKF 方法估计式(3-3)和式(3-4)的过程如下:

$$\chi_0^a = x_{t|t}^a$$

$$\chi_{i,t|t}^a = x_{t|t}^a + \left(\sqrt{(n_a + \eta)P_{t|t}^a}\right)_i, \ i = 1, \cdots, n_x$$

$$\chi_{i,t|t}^a = x_{t|t}^a - \left(\sqrt{(n_a + \eta)P_{t|t}^a}\right)_i, \ i = n_x + 1, \cdots, 2n_x$$

$$W_0^{(m)} = \frac{\eta}{n_a + \eta}$$

$$W_0^{(c)} = \frac{\eta}{n_a + \eta} + (1 - \xi^2 + \zeta)$$

$$W_i^{(m)} = W_i^{(c)} = \frac{1}{2(n_x + \eta)}$$

其中,$\eta = \xi^2(n_a + \kappa) - n_a$,$\kappa \geqslant 0$,$0 \leqslant \xi \leqslant 1$ 和 $\zeta \geqslant 0$,$\left(\sqrt{(n_a + \eta)P_{t|t}^a}\right)_i$ 为 $(n_a + \eta)P_{t|t}^a$ 的矩阵平方根的第 i 列向量。我们假设 $\kappa = 2$,$\xi = 0.9$ 和 $\zeta = 2$。状态噪声 v_t 和观测噪声 n_t 分别服从方差为 σ_h 和 σ_f 的正态分布。

UKF 的预测过程如下:

$$\chi_{t+1|t}^x = h(\chi_{t|t}^x, \chi_{t|t}^v)$$

$$x_{t+1|t} = \sum_{i=1}^{2n_a+1} W_i^{(m)} \chi_{i,t+1|t}^x$$

$$P_{t+1|t} = \sum_{i=1}^{2n_a+1} W_i^{(c)} [\chi_{i,t+1|t}^x - x_{t+1|t}][\chi_{i,t+1|t}^x - x_{t+1|t}]^T + \sigma_h$$

$$\varphi_{t+1|t} = f(\chi_{t+1|t}^x, \chi_{t|t}^n)$$

$$y_{t+1|t} = \sum_{i=1}^{2n_a+1} W_i^{(m)} \varphi_{i,t+1|t}$$

状态更新方程表示如下:

$$P_{xy,t} = \sum_{i=1}^{2n_a+1} W_i^{(c)} \left[\chi_{i,t+1\mid t}^x - x_{t+1\mid t} \right] \left[\varphi_{i,t+1\mid t} - y_{t+1\mid t} \right]^T$$

$$P_{yy,t} = \sum_{i=1}^{2n_a+1} W_i^{(c)} \left[\varphi_{i,t+1\mid t} - y_{t+1\mid t} \right] \left[\varphi_{i,t+1\mid t} - y_{t+1\mid t} \right]^T + \sigma_f$$

接着,得到如下增益矩阵:

$$K_{t+1} = P_{xy,t} \, P_{yy,t}^{-1}$$

$$x_{t+1\mid t+1} = x_{t+1\mid t} + K_{t+1}(y_t - y_{t+1\mid t})$$

$$P_{t+1\mid t+1} = P_{t+1\mid t} - K_{t+1} \, P_{yy,t} \, K_{t+1}^T$$

更具体的关于 UKF 算法的描述可见 Julier 和 Uhlmann(2004)、Kozhan 和 Salmon(2009)以及李晓峰和陈华(2012)的研究。

因此定义 y_t 的条件分布为:

$$y_t \mid x_t, \Omega_{t-1} \sim N(y_{t+1\mid t}, P_{yy,t})$$

最后,可构造如下样本对数似然函数:

$$\log L(\Theta) = -T\log 2\pi - \frac{1}{2} \sum_t \log |P_{yy,t}| -$$

$$\frac{1}{2} \sum_t (y_t - y_{t+1\mid t})^T (P_{yy,t})^{-1} (y_t - y_{t+1\mid t})$$

待估参数集为 $\Theta = (\alpha, \beta, \gamma, \delta, \tau, \theta, \mu, \sigma_h, \sigma_f)$。利用极大似然法估计参数。

3.2　实证分析

3.2.1　数据描述

本研究选取美元 LIBOR 隔夜利率为国外无风险利率,日元和欧元

LIBOR 隔夜利率为国外无风险利率，以欧元/美元（EUR/USD）汇率和美元/日元（USD/JPY）汇率为研究样本。以上数据均为周数据，时间区间从 2001 年 1 月 2 日至 2015 年 9 月 18 日。此外，本研究选择 2001 年 1 月 5 日至 2013 年 10 月 18 日为估计区间，余下数据用于样本外预测。

3.2.2　无迹卡尔曼滤波估计结果

表 3-1 报告了 EUR/USD 汇率和 USD/JPY 汇率的三类交易者（包括基本面交易者、技术交易者和利差交易者）模型和两类交易者（包括基本面交易者和技术交易者）模型的无迹卡尔曼滤波（UKF）和极大似然（MLE）估计结果。

表 3-1　无迹卡尔曼滤波估计

参数	EUR/USD 汇率		USD/JPY 汇率	
	三类交易者	两类交易者	三类交易者	两类交易者
σ_h	0.0001 $(0.1762*10^{-4})$	0.0003 $(0.0095*10^{-3})$	0.0001 $(0.2909*10^{-4})$	0.0083 $(0.1723*10^{-4})$
σ_f	0.0322 $(0.0271*10^{-4})$	0.0182 $(0.0153*10^{-3})$	0.0274 $(0.1104*10^{-4})$	0.0475 $(0.0007*10^{-4})$
α	0.0904 $(0.0625*10^{-4})$	0.0175 $(0.0262*10^{-3})$	0.1060 $(0.3899*10^{-4})$	0.2410 $(0.0003*10^{-4})$
β	0.9004 $(0.0058*10^{-4})$	0.3884 $(0.0001*10^{-3})$	0.0697 $(0.0538*10^{-4})$	0.0500 $(0.0002*10^{-4})$
γ	0.7120 $(0.0002*10^{-4})$	—	0.4363 $(0.0040*10^{-4})$	—
δ	10.24 $(0.0001*10^{-4})$	20.60 $(0.0001*10^{-3})$	5.00 $(0.0017*10^{-4})$	5.83 $(0.0001*10^{-4})$
τ	0.0091 $(0.0001*10^{-4})$	—	0.0087 $(0.0001*10^{-4})$	—
θ	0.7005 $(0.0042*10^{-4})$	0.0024 $(0.1578*10^{-3})$	0.9302 $(0.2675*10^{-4})$	0.8999 $(0.0039*10^{-4})$

（续表）

参数	EUR/USD汇率		USD/JPY汇率	
	三类交易者	两类交易者	三类交易者	两类交易者
μ	0.0110 $(0.2544 * 10^{-4})$	0.0007 $(0.0024 * 10^{-3})$	0.0393 $(0.4180 * 10^{-4})$	0.0011 $(0.0278 * 10^{-4})$
LL	1 919	1 699	3 135	2 192
AIC	$-3\ 821$	$-3\ 383$	$-6\ 252$	$-4\ 371$
BIC	$-3\ 780$	$-3\ 352$	$-6\ 212$	$-4\ 339$

注：括号里的数值是标准误差。表 3-1 还报告了对数似然值（LL），Akaike 信息准则（AIC）和贝叶斯信息准则（BIC）。σ_h 和 σ_f 分别是状态噪声和观测噪声的标准差，$\sigma_h = \sigma_{s*}$。

首先，基本面交易者的均值回归参数 α 显示为正，这表明基本面交易者期望欧元/美元汇率和美元/日元汇率能够迅速回复至基本水平。外推参数 β 也显示为正，表明技术交易者是趋势交易者，具有不稳定预期的特征。此外，对于三类交易者模型而言，EUR/USD 汇率的外推系数 β 为 0.9004，USD/JPY 汇率的外推系数为 0.0697。相对于 USD/JPY 汇率，EUR/USD 汇率有更明显的趋势特征。因此，当样本区间内 EUR/USD 汇率趋势非常明显，技术交易者的预期就会变得更加精确。

其次，三类交易者模型中显著正向的 γ 意味着利差预期。以 USD/JPY 汇率为例，根据式（2-5），负的利差（即日元的利率低于美元的利率）将导致美元升值。因此，利差交易者可以从利差和美元升值中获利。同时，γ 越大，利差对汇率预期的影响越大。在套利交易策略中，日元由于低息而通常成为融资货币。此外，两种汇率的利差阈值 τ 都接近 0.9%，这意味着利差交易者的进入成本相对较低。当利率差大于 τ 时，利差交易者可以通过实施套利交易者策略来获利；否则，他们将退出市场。

再次，选择密度（IOC）参数 δ 代表了几种预期之间的转换速度。EUR/USD 汇率的高 IOC 参数表明不同预测规则之间的频繁转换。USD/JPY 汇率的 IOC 参数远低于 EUR/USD 汇率的 IOC 参数，这表明交易者对 USD/JPY 汇率的预测规则转换并不频繁。此外，三类交易者模型中两种货币的折现率 θ 均高于0.7，这意味着市场汇率主要由异质交易者的预期决定，而不是由基本面汇率决定。

最后,我们用对数似然值、AIC 和 BIC 做了模型比较,发现三类交易者模型具有较大的对数似然值、较低的 AIC 和 BIC,代表三类交易者模型在拟合优度和简洁性方面均优于两类交易者模型。

表 3-2 报告了预测误差的平均绝对误差(MAE)和均方根误差(RMSE)。从表 3-2 可以看出,三类交易者模型的 MAE 和 RMSE 都小于两类交易者模型的,这为包含利差交易者的三类交易者模型提供了进一步的支持。此外,图 3-1 和图 3-2 分别显示了 EUR/USD 汇率和 USD/JPY 汇率的两种模型的绝对预测误差,其中两类交易者模型的绝对预测误差大于三类交易者模型的绝对预测误差。

表 3-2 样本内预测误差

误差类型	EUR/USD 汇率		USD/JPY 汇率	
	三类交易者	两类交易者	三类交易者	两类交易者
MAE	0.3711	1.1392	0.7777	1.4803
RMSE	0.1805	1.6944	0.7970	2.8216

注:表 3-2 报告了三类交易者和两类交易者模型的样本内预测误差。MAE 指平均绝对误差,RMSE 指均方根误差。

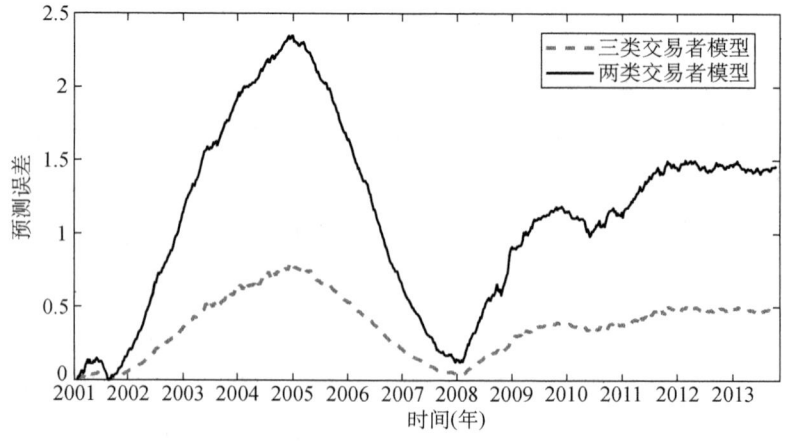

图 3-1 EUR/USD 汇率的绝对预测误差(2001 年 1 月 5 日至 2013 年 10 月 18 日)

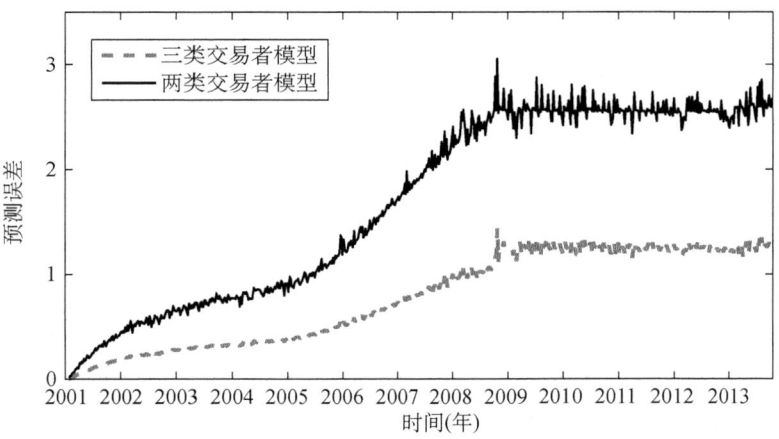

图3-2　USD/JPY 汇率的绝对预测误差（2001 年 1 月 5 日至 2013 年 10 月 18 日）

图 3-3 和图 3-4 给出了基本面汇率和市场汇率的比较。为了保证估计的稳定性，本研究将前 48 个数据截断，因此比较时间段从 2002 年开始。从图中可以看出基本面汇率贴近市场汇率，但是在 2005 年至 2007 年期间，由于美国和日本之间的利差足够大，因此套利交易者策略可以产生足够的利润。利差交易者交投活跃，使得 USD/JPY 市场汇率与基本面汇率产生较大偏差。

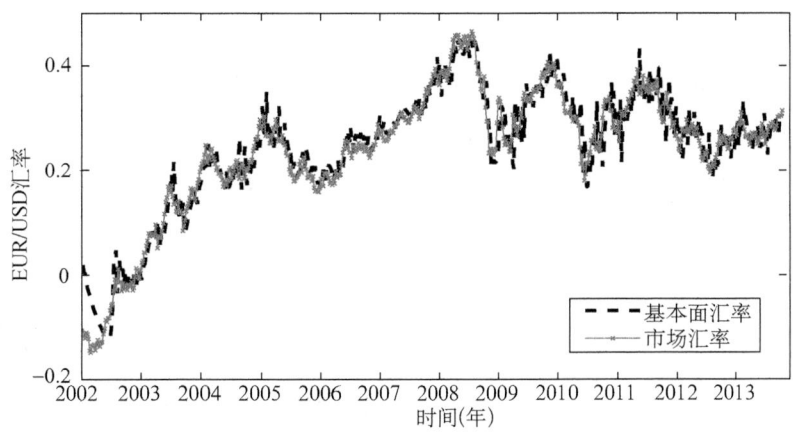

图3-3　EUR/USD 的基本面汇率和市场汇率（2002 年 1 月 4 日至 2013 年 10 月 18 日）

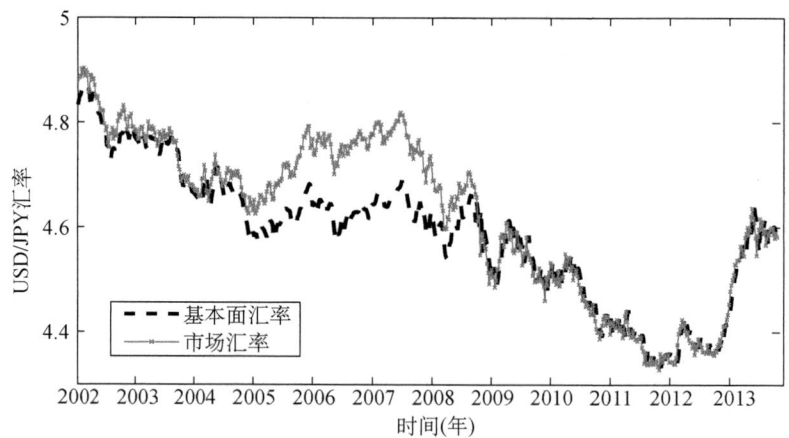

图 3-4 USD/JPY 的基本面汇率和市场汇率(2002 年 1 月 4 日至 2013 年 10 月 18 日)

为了进一步比较两种模型的预测能力,本研究对三类交易者模型和两类交易者模型的预测误差进行了样本外检验。表 3-3 显示,三类交易者模型的预测误差指标(MAE 和RMSE)都小于两类交易者模型的预测误差指标。此外,图 3-5和图 3-6 给出了两种模型的绝对预测误差,这也进一步证实了三类交易者模型优于两类交易者模型。

表 3-3 样本外预测误差

误差类型	EUR/USD 汇率		USD/JPY 汇率	
	三类交易者	两类交易者	三类交易者	两类交易者
MAE	0.0399	0.1230	0.0171	0.0300
RMSE	0.0033	0.0303	0.0004	0.0013

注:表 3-3 报告了三类交易者模型和两类交易者模型的样本外预测误差。MAE 指平均绝对误差,RMSE 指均方根误差。

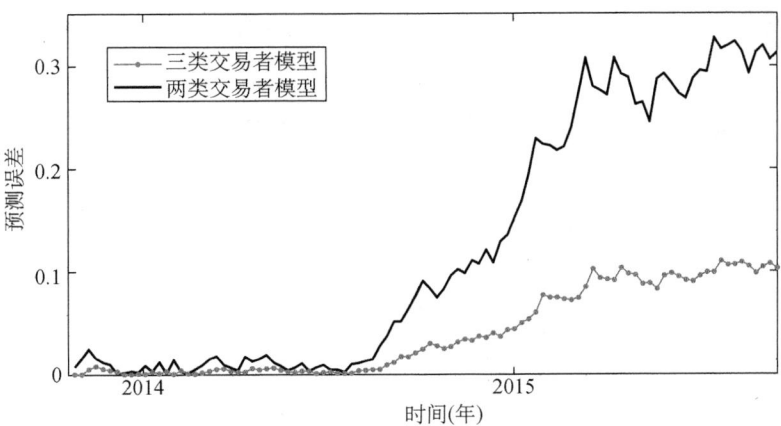

图 3-5　EUR/USD 汇率的绝对预测误差(2013 年 10 月 25 日至 2015 年 9 月 18 日)

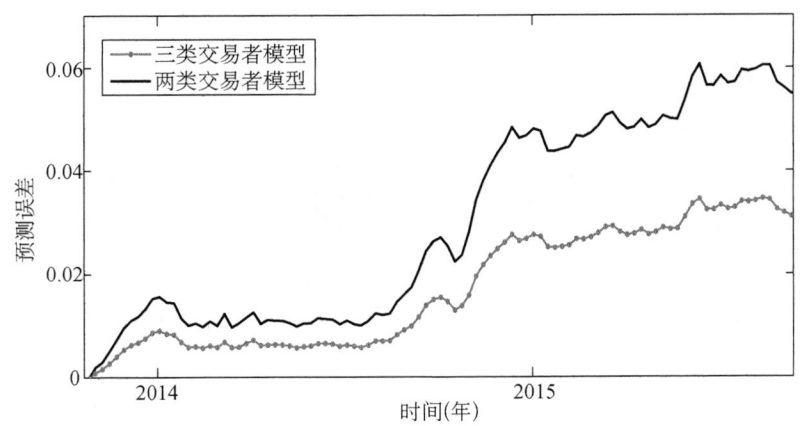

图 3-6　USD/JPY 汇率的绝对预测误差(2013 年 10 月 25 日至 2015 年 9 月 18 日)

3.2.3　基本面交易者、技术交易者和利差交易者权重

本节研究异质交易者的动态权重。图 3-7 和图 3-8 中,上图分别显示了美元与欧元利差、日元和美元利差,下图分别显示了 EUR/USD 汇率和 USD/JPY 汇率的异质交易者动态权重。

图 3-7 和图 3-8 表明,在 2009 年之前,EUR/USD 汇率的利差交易者的权重平均接近 15%,而 USD/JPY 汇率的利差交易者的权重则接近 22%,这也能从表 3-4 中得到证实。当两国利差的绝对值足够大时,利差交易者将进入市场。

　　然而,在2008年全球金融危机之后,由于各国实施量化宽松政策,短期名义利率接近于零。利差交易者由于无利可图而离开市场,而基本面交易者和技术交易者则占据主导地位。相对于USD/JPY汇率来说,EUR/USD汇率的利差交易时间比较短,主要是因为欧元和美元利差较小。在大多数情况下,利差交易者的权重接近于零。

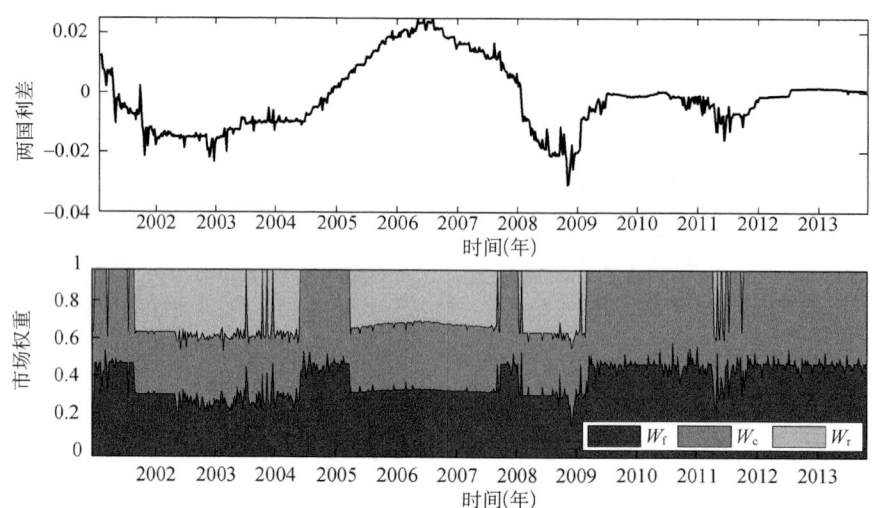

图 3-7　美国—欧洲利差和异质交易者市场权重(EUR/USD 汇率)

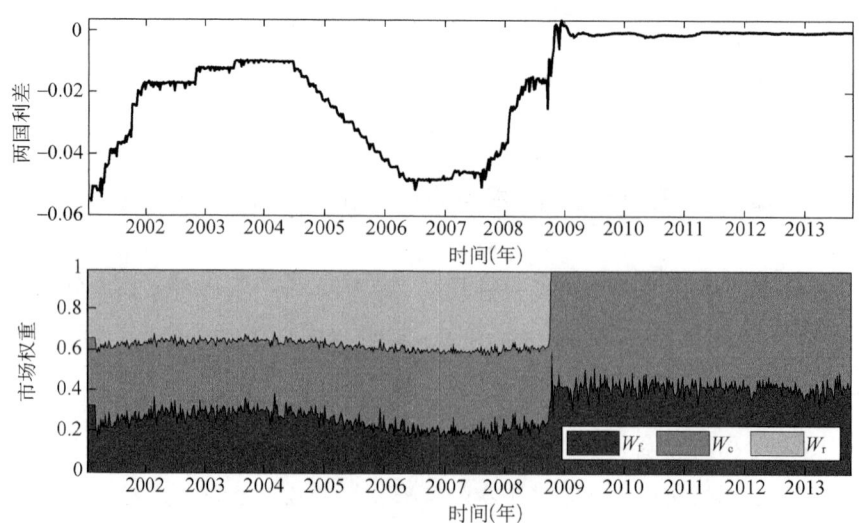

图 3-8　日本—美国利差和异质交易者市场权重(USD/JPY 汇率)

表 3-4 列出了异质交易者动态权重的描述性统计。第一,三类交易者模型中交易者的平均权重明显偏离了 1/3。总体而言,技术交易者的平均权重最高,其次是基本面交易者和利差交易者。第二,在三类交易者模型中,USD/JPY 汇率的利差交易者平均权重相对高于 EUR/USD 汇率,这与图 3-7 和图 3-8 的结果一致。其主要原因在于日元长期零利率,是融资货币的最佳选择。第三,基本面交易者和技术交易者的最小权重均大于 0,这意味着基本面交易者和技术交易者是外汇市场的基本组成部分。第四,利差交易者动态权重的标准差大于基本面交易者和技术交易者动态权重的标准差,这表明利差交易者频繁进出市场。

表 3-4　市场权重的描述性统计

	交易者类型	EUR/USD 汇率		USD/JPY 汇率	
		三类交易者	两类交易者	三类交易者	两类交易者
均值	基本面交易者	0.4120	0.4785	0.3290	0.4459
	技术交易者	0.4336	0.5215	0.4476	0.5541
	利差交易者	0.1544	—	0.2234	—
最小值	基本面交易者	0.0964	0.0978	0.1671	0.2813
	技术交易者	0.2014	0.1649	0.3039	0.3245
	利差交易者	0	—	0	—
最大值	基本交易者	0.6913	0.8351	0.6031	0.6755
	技术交易者	0.7513	0.9022	0.6871	0.7187
	利差交易者	0.5139	—	0.4165	—
标准差	基本面交易者	0.1018	0.0951	0.0915	0.0614
	技术交易者	0.0913	0.0951	0.1024	0.0614
	利差交易者	0.1655	—	0.1809	—

表 3-5 报告了交易者权重与两国利差、市场汇率与基本面汇率的偏离、汇率变动和波动率之间的相关性。结果表明,市场汇率对基本面汇率的偏离与基本面交易者权重呈正相关。通常,与基本面汇率的较大偏差会伴随着基本面交易者数量的增加。汇率的正向变动通常与技术交易者和利差交易者权重呈正相关,而汇率的正向变动对基本面交易者权重的效果是相反

的。如果市场汇率表现出明显的趋势，那么技术交易者的预期会变得更加精确，从而导致市场中技术交易者的数量增加。而技术交易者的动量交易策略进一步加强了利差交易引起的高（低）利率货币的升值（贬值）。此外，利差的绝对值与利差交易者的权重高度正相关，而与基本面交易者和技术交易者的权重则相反，这表明利差交易者的数量随着利差的增加而增加。汇率波动率与基本面交易者和技术交易者权重呈正相关，与利差交易者权重负相关。汇率波动造成的损失可能会抵消利差交易者从利差中获得的套利收益，因此，利差交易者在汇率波动率较低时会更加活跃，这与 Copeland 和 Lu（2016）的结论相吻合。

表 3-5　市场权重和相关性

EUR/USD 汇率						
	ω_f	ω_c	ω_r	$|s^*-s|$	Δs	$|\Delta r|$	$(\Delta s)^2$
ω_f	1						
ω_c	0.4667	1					
ω_r	−0.8728	−0.8390	1				
$|s^*-s|$	0.1528	0.2209	−0.2159	1			
Δs	−0.3239	0.2558	0.0581	0.0004	1		
(Δr)	−0.6721	−0.7010	0.8003	−0.2851	−0.0072	1	
$(\Delta s)^2$	0.0473	0.0096	−0.0238	−0.0269	−0.1621	0.0249	1
USD/JPY 汇率						
	ω_f	ω_c	ω_r	$|s^*-s|$	Δs	$|\Delta r|$	$(\Delta s)^2$
ω_f	1						
ω_c	0.7402	1					
ω_r	−0.9248	−0.9404	1				
$|s^*-s|$	0.5370	0.8030	−0.7261	1			
Δs	−0.2937	0.2075	0.0311	−0.0104	1		
$|\Delta r|$	−0.8447	−0.6580	0.7997	−0.4513	0.0097	1	
$(\Delta s)^2$	0.1346	0.0460	−0.0941	0.0917	−0.1595	−0.0520	1

注：表 3-5 显示了基本面交易者（ω_f）、技术交易者（ω_c）和利差交易者（ω_r）的市场权重与基本面偏离 $|s^*-s|$、市场变动 Δs、利差的绝对值 $|\Delta r|$ 和汇率波动率 $(\Delta s)^2$ 之间的相关性。

3.3　本章小结

　　本章假设基本面汇率服从 UIP 过程，在第二章建立的异质交易者理论模型的基础上，利用无迹卡尔曼滤波和极大似然法来估计异质交易者模型参数。结果表明，根据 MAE 和 RMSE，包含利差交易者的异质交易者模型在样本内和样本外预测方面的表现均优于传统的基本面交易者和技术交易者模型。基本面交易者、技术交易者和利差交易者的动态权重表明，利差交易者行为在很大程度上受两国利差的影响。具体而言，在 2009 年之前，利差交易者交投活跃，而在 2008 年金融危机后，收窄的利差降低了利差交易者利润，从而使利差交易者退出市场。

第四章 不确定性下考虑利差交易
行为的汇率微观决定模型

冯·诺依曼和摩根斯坦(1944)率先提出的预期效用理论已经成为金融市场决策的标准方法,然而,预期效用理论要求投资者知道资产收益率的概率分布。奈特(1921)和凯恩斯(1921)认为,当投资者不知道确切资产的概率分布时,不确定性[1]框架可以更好地评估金融决策的风险。在外汇市场上,Kozhan 和 Salmon(2009)首次进行了关于投资者是否不确定性厌恶的实证检验。基于基本面交易者和技术交易者(C&F)模型,他们发现基本面交易者在很大程度上是不确定性中立的,而技术交易者则主要是不确定性厌恶的。

众所周知,利差交易者在影响汇率动态方面发挥了不可忽略的作用。实际上,以往的文献指出,C&F 模型无法解释远期溢价之谜[2],但是可以通过引入利差交易者来解决,具体可以参见 Baillie 和 Change(2011)、Jongen 等(2012)和 Spronk 等(2013)。本章通过将利差交易者引入 Kozhan 和 Salmon(2009)的 C&F 模型,在不确定性框架下研究异质交易者模型。

由于模型高度非线性,因此采用了无迹卡尔曼滤波器和最大似然估计方法来估计模型。利差交易者和技术交易者的不确定性厌恶参数是显著

---

① 风险和不确定性是有区别的。若随机变量的概率分布已知,则它是有风险的;若随机变量分布未知,则它是不确定的(Bewley, 2002)。

② 远期溢价之谜意味着高利率货币未来倾向于不贬值,甚至升值,这和无抵补利率平价理论刚好相反,因此也被称为"UIP 偏离之谜"(Cavallo, 2006)。

的,表明市场参与者的不确定性厌恶对于均衡汇率决定至关重要。基本面交易者的不确定性厌恶参数并不显著,与 Kozhan 和 Salmon(2009)的结论吻合。同时,与 Kozhan 和 Salmon(2009)的 C&F 模型相比,引入利差交易者之后的新的异质交易者模型具有更好的预测能力。

4.1　异质交易者模型

4.1.1　异质预期

按照 De Grauwe 和 Markiewicz(2013)的观点,本章假设有限理性的交易者在 t 时刻的信息集 $I_t = \{s_0, s_1, \cdots, s_{t-1}, s_0^*, s_1^*, \cdots, s_{t-1}^*\}$,这意味着交易者在有限理性的条件下,并不像完全理性预期理论所假定的那样具有完美的认知能力。因此,同期的汇率 s_t 和 s_t^* 并不能被知晓,交易者只能利用过去的相关变量信息进行预测。本章假设汇率的变化 $\widetilde{\Delta s}_{t+1} = s_{t+1} - s_{t-1}$,基本面交易者预期未来汇率会回归基本面水平,用公式表示如下:

$$\widehat{E}_t^f(s_{t+1}) = s_{t-1} + \alpha(s_{t-1}^* - s_{t-1}) \tag{4-1}$$

其中,α 代表未来汇率向基本面汇率的回归系数,反映了汇率向基本面水平的回复速度。

本章假设 $0 < \alpha \leqslant 1$。s_t^* 代表不可观测的基本面汇率。按照 De Grauwe 等(2005)的观点,s_t^* 服从随机游走过程,用公式表示如下:

$$s_t^* = s_{t-1}^* + \sigma_{s^*} \zeta_t \tag{4-2}$$

其中,ζ_t 代表白噪声过程。

技术交易者预期未来汇率的变动遵循以下公式:

$$\widehat{E}_t^c(s_{t+1}) = s_{t-1} + \beta \Delta s_{t-1} \tag{4-3}$$

其中，$\Delta s_{t-1} = s_{t-1} - s_{t-2}$，$\beta$ 是外推系数。若 $\beta > 0$，则式(4-3)代表了技术交易者的趋势交易规则。

利差交易者借低收益货币，投资高收益货币，从而可以赚取利差收益和从高收益货币升值中赚取汇差。按照 Jongen 等(2012)和 Spronk 等(2013)的研究，本章假设利差交易者预期如下：

$$\hat{E}_t^r(s_{t+1}) = s_{t-1} + \gamma(r_{d,t-1} - r_{f,t-1}) \tag{4-4}$$

其中，$r_{d,t-1}$ 和 $r_{f,t-1}$ 分别代表国内和国外利率。γ 为回归系数，反映了两国利差对利差交易者汇率预期的影响程度。在直接标价法下，正的 γ 代表利差交易者预期，负的 γ 代表 UIP 预期，即交易者期望未来汇率变动遵循 UIP。

4.1.2 需求函数

交易者根据最大最小准则进行决策，即在最坏情境下最大化其效用。假设给定交易者 i 的区间为 $[E_t^i(s_{t+1}) - \delta_i, E_t^i(s_{t+1}) + \delta_i]$，其中 $i = f$，c，r 分别代表基本面交易者、技术交易者和利差交易者。$E_t^i(s_{t+1})$ 是交易者 i 的预期，如式(4-1)至式(4-4)。$\delta_i \geqslant 0$ 反映了不确定性水平。当 $\delta_i = 0$ 时，交易者是不确定性中性的。

按照 De Grauwe 和 Grimaldi(2006)、De Jong 等(2010)的研究，交易者的风险偏好被均值—方差效用函数 $U(W_{t+1}^i) = E_t^i(W_{t+1}^i) - \lambda V_t^i(W_{t+1}^i)$ 所刻画。其中 W_{t+1}^i 是交易者 i 在时刻 $t+1$ 的财富，V_t^i 是交易者 i 的条件方差，λ 代表绝对风险厌恶系数。在最大最小准则下，求解交易者 i 的最优问题，模型如下：

$$\underset{f_t^i}{\text{Max}} \underset{s \in [E_t^i(s_{t+1})-\delta, E_t^i(s_{t+1})+\delta]}{\min} E_t[W_{t+1}^i(s)] - \lambda V_t[W_{t+1}^i(s)]$$

$$\text{s.t.} \quad W_{t+1}^i = (1+r_{d,t})(W_t^i - s_t f_t^i) + s_{t+1}(1+r_{f,t})f_t^i \tag{4-5}$$

其中，f_t^i 是交易者 i 在时刻 t 持有的外币单位。

在该模型中，基本面交易者、技术交易者和利差交易者是不确定性中性或不确定性厌恶的，假设他们有相同的风险厌恶系数。接下来，本章将计算他们的需求函数。

当 $\delta_i = 0$，交易者是不确定性中性的。不确定性中性的交易者 i 的最优外汇持有量为：

$$f_t^{i,\,n} = \frac{E_t^i(s_{t+1})(1+r_{f,\,t}) - s_t(1+r_{d,\,t})}{2\lambda\, V_t^i(s_{t+1})(1+r_{f,\,t})^2} \tag{4-6}$$

其中，上标 n 代表不确定性中性。

由于汇率变动是跨境投资者最重要的风险来源，较大的预测误差意味着交易者的风险更高。因此，按照 Spronk 等（2013）的研究，用各预期规则的预期误差的平方来衡量风险，用公式表示如下：

$$V_t^i(s_{t+1}) = \left[E_t^i(s_{t+1}) - s_t\right]^2 \tag{4-7}$$

当 $\delta > 0$，交易者是不确定性厌恶的。根据 Kozhan 和 Salmon（2009）文章的引理 2，不确定性厌恶交易者 i 的最优外币持有量如下：

$$f_t^{i,\,u} = \begin{cases} C_{\min}^i & \text{if} \quad s_t < E_t^i(s_{t+1}) - \delta_i, \\ 0 & \text{if} \quad E_t^i(s_{t+1}) - \delta_i \leqslant s_t \leqslant E_t^i(s_{t+1}) + \delta_i \quad i = c,\,f,\,r \\ C_{\max}^i & \text{if} \quad E_t(s_{t+1}) + \delta_i < s_t \end{cases} \tag{4-8}$$

其中，上标 u 代表不确定性厌恶，且

$$C_{\min}^i = \frac{\left[E_t^i(s_{t+1}) - \delta_i\right](1+r_{f,\,t}) - s_t(1+r_{d,\,t})}{2\lambda\, V_t^i(s_{t+1}^2)(1+r_{f,\,t})^2}$$

$$C_{\max}^i = \frac{\left[E_t^i(s_{t+1}) + \delta_i\right](1+r_{f,\,t}) - s_t(1+r_{d,\,t})}{2\lambda\, V_t^i(s_{t+1}^2)(1+r_{f,\,t})^2}$$

4.1.3　学习机制和交易者权重

外汇市场中不同类型交易者的比例会随着时间而变化。本章假设市场交易者根据前一期的利润来决定下期规则的选择。令 $\omega_t^{i,\,j}$ 代表市场交易者

比例,上标 $i = f, c, r$ 分别代表基本面交易者、技术交易者和利差交易者,上标 $j = n, u$ 分别代表不确定性中性和不确定性厌恶。$\omega_t^{i,j}$ 可以表达为:

$$\omega_t^{i,j} = \begin{cases} \dfrac{e^{\varphi\pi_{t-1}^{i,j}}}{\sum\limits_{a \in \{f, c, r\}, b \in \{n, u\}} e^{\varphi\pi_{t-1}^{a,b}}} & \text{if} \quad |\Delta r_{d-f, t-1}| > \tau \\[3ex] \dfrac{e^{\varphi\pi_{t-1}^{i,j}}}{\sum\limits_{a \in \{f, c\}, b \in \{n, u\}} e^{\varphi\pi_{t-1}^{a,b}}} & \text{if} \quad |\Delta r_{d-f, t-1}| \leqslant \tau \end{cases} \tag{4-9}$$

其中,$i = f, c$;$j = n, u$。

$$\omega_t^{r,j} = \begin{cases} \dfrac{e^{\varphi\pi_{t-1}^{r,j}}}{\sum\limits_{a \in \{f, c, r\}, b \in \{n, u\}} e^{\varphi\pi_{t-1}^{a,b}}} & \text{if} \quad |\Delta r_{d-f, t-1}| > \tau \\[3ex] 0 & \text{if} \quad |\Delta r_{d-f, t-1}| \leqslant \tau \end{cases} \tag{4-10}$$

其中,$\pi_{t-1}^{i,j}$ 是交易者 (i, j) 在 $t-1$ 期的利润。

选择密度参数(IOC)φ 越大,交易者对不同预测规则的选择越敏感。另外,τ 为两国利差的阈值,可以理解为利差交易者的执行成本(如交易成本或流动性成本等)加上由汇率不确定性引起的风险溢价(Spronk 等,2013)。当两国利差超过这一阈值 τ,利差交易策略因获利而被执行;否则,利差交易者将因为无利可图而退出市场。

$\pi_t^{i,j}$ 代表了交易者于 $t-1$ 期投资、t 期到期的利润,用公式表示如下:

$$\pi_t^{i,j} = \left[s_t(1 + r_{f, t-1}) - s_{t-1}(1 + r_{d, t-1}) \right] \operatorname{sgn}(f_{t-1}^{i,j}) \tag{4-11}$$

式中符号函数代表了交易的方向,可以写作:

$$\operatorname{sgn}(f_{t-1}^{i,j}) = \begin{cases} 1 & \text{if} \quad f_{t-1}^{i,j} > 0 \\ 0 & \text{if} \quad f_{t-1}^{i,j} = 0 \\ -1 & \text{if} \quad f_{t-1}^{i,j} < 0 \end{cases}$$

4.1.4　市场出清条件

假设时刻 t 的总需求函数 $D_t(s_t)$ 为六类异质交易者的需求函数的加权

平均,则:

$$D_t(s_t) = \sum_{i\in\{f,c,r\},\,j\in\{n,u\}} \omega_t^{i,j} f_t^{i,j} \qquad (4-12)$$

不妨设交易者的总供给为 0。市场出清汇率 s_t^e 由市场出清条件决定,则:

$$D_t(s_t^e) = 0 \qquad (4-13)$$

4.2　实证分析

本研究收集了 2001 年 1 月 5 日至 2017 年 8 月 4 日美国和日本一周回购利率作为国内外无风险利率,使用 USD/JPY 汇率数据作为汇率数据。其中 2001 年 1 月 5 日至 2015 年 9 月 4 日的数据作为参数估计集,余下的数据用于样本外预测。

由于基本面汇率不可观测,因此本研究使用状态空间估计方法来建模。式(4-2)作为状态空间模型的状态方程,式(4-13)作为测量方程。另外,由于状态空间模型(4-2)和(4-13)的高度非线性,本研究利用无迹卡尔曼滤波器和最大似然估计方法来估计模型。有关 UKF 算法的更多详细信息,请参见 Kozhan 和 Salmon(2009)以及 Li 等(2019)。

4.2.1　实证结果

表 4-1 显示了六类交易者模型、三类交易者模型和四类交易者模型的估计结果。具体而言,三类交易者模型是包含基本面交易者、技术交易者和套利交易者的异质交易者模型(李小平、吴冲锋,2018),其中异质交易者都是不确定性中性的。四类交易者模型包括不确定性中性和不确定性厌恶的基本面交易者和技术交易者(Kozhan 和 Salmon,2009)。

表 4-1　参数估计

参数	三类交易者	四类交易者	六类交易者
σ_{s*}	6.02*** $(0.0033 * 10^{-3})$	6.01*** (0.0133)	6.00*** $(0.0912 * 10^{-3})$
σ_f	0.0497*** $(0.0295 * 10^{-3})$	0.0499** (0.0083)	0.0500*** $(0.2481 * 10^{-3})$
α	0.2061*** $(0.0025 * 10^{-3})$	0.1957*** (0.0181)	0.2035*** $(0.0728 * 10^{-3})$
β	0.9023*** $(0.0001 * 10^{-3})$	0.9004*** (0.0002)	0.8992*** $(0.0068 * 10^{-3})$
γ	0.3751*** $(0.0043 * 10^{-3})$	—	0.3967*** $(0.0104 * 10^{-3})$
τ	0.0100*** $(0.3301 * 10^{-3})$	—	0.0100*** $(0.7638 * 10^{-3})$
λ	4.13*** (0.0000)	7.51*** (0.0000)	6.00*** $(0.0011 * 10^{-3})$
φ	1.48*** $(0.0002 * 10^{-3})$	0.6903*** (0.0011)	1.00*** $(0.0202 * 10^{-3})$
δ_f	—	0.0200* (0.0120)	0.0500*** $(0.1706 * 10^{-3})$
δ_c	—	0.0100 (0.0394)	0.0100*** $(0.2161 * 10^{-3})$
δ_r	—	—	0.0100*** $(0.5579 * 10^{-3})$
LL	2 091	2 084	2 092
AIC	−4 200	−4 185	−4 206
BIC	−4 237	−4 222	−4 257

注：表4-1报告了三类交易者（基本面交易者、技术交易者和利差交易者）、四类交易者（不确定性中性和不确定性厌恶的基本面交易者、技术交易者）和六类交易者（不确定性中性和不确定性厌恶的基本面交易者、技术交易者和利差交易者）模型的无迹卡尔曼滤波（UKF）估计。括号里的数值是标准误差。表4-1还报告了对数似然值（LL），Akaike信息准则（AIC）和贝叶斯信息准则（BIC）。σ_{s*} 和 σ_f 分别是状态噪声和测量噪声的标准差。

　　为了简便,本节主要分析了六类交易者模型的结果。表 4-1 表明,显著正的 α 意味着基本面交易者是均值回复预期。外推系数 β 显著为正,说明技术交易者是趋势交易者,即如果前期汇率升值,交易者预期后一期汇率也升值。γ 显著为正,代表利差预期。一般地,γ 越大,利差对汇率预期的影响越大。在套利交易策略中,日元由于低息而通常成为融资货币。此外,利差阈值 τ 是 1%,这意味着利差交易者的进入成本相对较低。当利率差大于 τ 时,利差交易者可以通过实施套利交易者策略来获利;否则,他们将退出市场。

　　选择密度参数 φ 代表了几种预期之间的转换速度。对于 USD/JPY 汇率而言,低的选择密度参数意味着不同的预测规则之间转换并不频繁。

　　在六类交易者的模型中,不确定性参数 δ_f、δ_c 和 δ_r 均显著异于 0,这表明不确定性厌恶是外汇市场异质交易者行为的重要特征。基本面交易者预测汇率将回复于基本面汇率;技术交易者利用过去的汇率建立汇率预测模型;利差交易者预期受两国利差和汇率波动的影响(Copeland 和 Lu,2016)。总体而言,异质交易者预期的形成均具有较大的不确定性。

　　最后,将对数似然值、AIC 和 BIC 做了模型比较,发现六类交易者模型具有较大的对数似然值、较低的 AIC 和 BIC,代表六类交易者模型具有较好的模型拟合度。

　　进一步地,本节对三类交易者模型进行了样本外检验,结果显示六类交易者模型的平均预测误差和均方根误差均小于三类交易者模型和四类交易者模型,如表 4-2 所示。样本外检验支持了六类交易者模型优于三类交易者模型和四类交易者模型的观点。

表 4-2　样本外预测误差

误差类型	三类交易者	四类交易者	六类交易者
MAE	0.1080	0.0833	0.0521
$RMSE$	0.6701	0.3056	0.1298

　　注:表 4-2 报告了三类交易者、四类交易者和六类交易者模型的样本外预测误差。MAE 指平均绝对误差,$RMSE$ 指均方根误差。

4.2.2 异质交易者权重

本节将研究六类交易者模型的动态权重。图 4-1 的上图显示了日本和美国之间的利差，而图 4-1 则显示了六种异质交易者的动态权重。

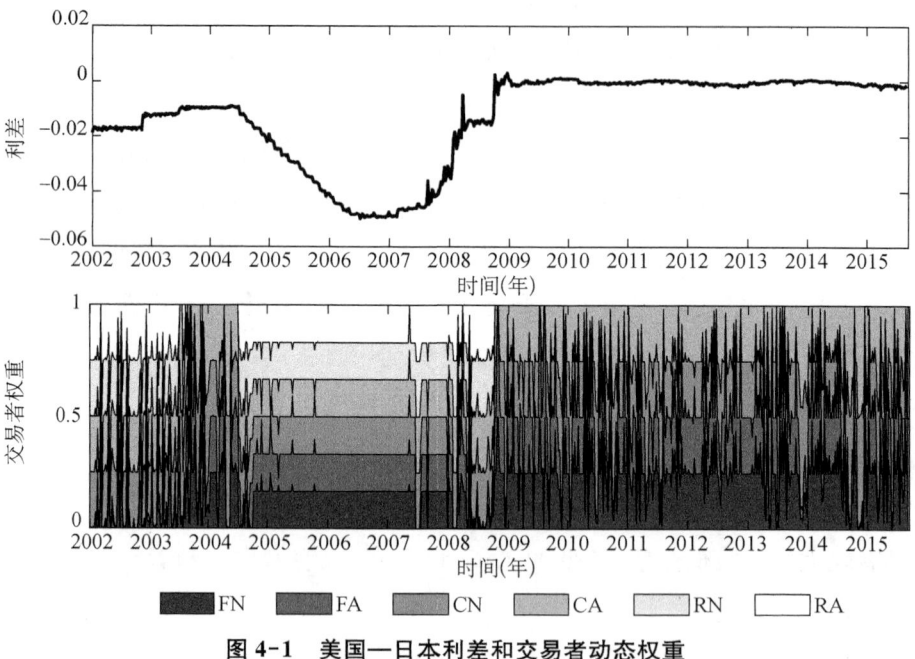

图 4-1　美国—日本利差和交易者动态权重

注：FN 和 FA 分别表示不确定性中性和不确定性厌恶的基本面交易者，CN 和 CA 分别表示不确定性中性和不确定性厌恶的技术交易者，RN 和 RA 分别表示不确定性中性和不确定性厌恶的利差交易者。

图 4-1 显示，2009 年之前，不确定性中性和不确定性厌恶的利差交易者的平均权重均接近 1/6，这表明当两国利差的绝对值足够大时，套利交易者进入市场。在 2002 年至 2004 年期间，仅技术交易者和利差交易者在市场中占主导地位。从 2004 年到 2008 年，基本面交易者进入市场，六类交易者以几乎相等的权重并存于外汇市场中。

在 2008 年全球金融危机之后，由于各国实行量化宽松，短期名义利率接近于零。利差交易者由于无利可图而离开市场，而基本面交易者和技术交易者则占据主导地位。因此,利差交易者的权重在此期间接近于零。

表 4-3 异质交易者权重的描述性统计

交易者类型	均值	中位数	最大值	最小值	标准差
基本面交易者(N)	0.1858	0.1667	0.7154	0.1013×10^{-5}	0.1297
基本面交易者(A)	0.1885	0.1667	0.9984	0.1013×10^{-5}	0.1322
技术交易者(N)	0.2221	0.2400	0.4999	0.0197×10^{-5}	0.1094
技术交易者(A)	0.2217	0.2410	0.4999	0.0197×10^{-5}	0.1101
利差交易者(N)	0.0911	0.0000	0.4997	0	0.1059
利差交易者(A)	0.0908	0.0000	0.4997	0	0.1059

注释:表 4-3 报告了六类交易者模型中交易者动态权重的描述性统计。N 和 A 分别表示不确定性中性交易者和不确定性厌恶交易者。

表 4-3 列出了交易者权重的描述性统计。相比较而言,技术交易者在市场的平均动态权重最大,基本面交易者和利差交易者次之。不确定性厌恶交易者在市场上的比例为 50.10%,这表明不确定性厌恶对实际汇率产生了显著影响。

4.3 本章小结

本章研究了异质交易者在外汇市场中的作用。本章的异质交易者模型包含六种类型的交易者,即不确定性中性和不确定性厌恶的基本面交易者、技术交易者和利差交易者。

结论表明,不确定性厌恶是外汇市场中异质交易者行为的重要特征。此外,引入利差交易者有助于提高模型的预测能力。利差交易者行为受到利差的影响,当两国利差大于 1% 时,利差交易者进入市场。2008 年金融危机之后,由于两国利差收窄,利差交易者退出市场。

利差交易者的行为受两国利差和不确定性厌恶的影响。2008 年金融危机之前,由于较大的利差套利空间,利差交易行为活跃。然而,随着金融危机之后两国利差逐渐收窄,利差交易者逐渐退出市场,其市场占比下降。此外,具有不确定性厌恶的利差交易者存在于市场,提供了外汇市场中存在不确定性厌恶交易者的有力证据。

第五章 引入托宾税的汇率 微观决定模型

托宾税是美国经济学家、1981 年诺贝尔经济学奖得主詹姆斯·托宾在 1972 年的普林斯顿大学演讲中首次提出的,他建议"往飞速运转的国际金融市场这一车轮中掷些沙子"。实施托宾税的主要目的在于通过提高外汇交易成本,减少纯粹投机性交易,从而缓解国际资金流动,尤其是短期投机资金流动造成的汇率不稳定。目前,征收托宾税的国家大多数是非国际化货币的新兴经济体,发达国家中只有美国在 20 世纪 60 年代采取了类似托宾税的资本流出税,但最终因避税严重而放弃。

2014 年下半年以来,中国跨境资金的流动情况发生大逆转。面对资本外流加剧的压力,一些学者建议采取托宾税,加大资本外流的成本,进而抑制资本外流的势头。有关监管部门也做出积极回应,称正在研究实施托宾税的方案。国家外汇管理局原局长易纲于 2015 年 10 月在《中国金融》发表文章,提出为防范异常跨境资金流动风险,将深入研究推出中国版托宾税(即外汇交易税)、无息存款准备金、外汇交易手续费等价格调节手段,抑制短期投机交易,继续出招稳定人民币汇价。那么,以减少纯粹投机性交易为主的托宾税,能否抑制投机、稳定一国金融市场? 托宾税对市场流动性的影响如何? 这些问题的研究将为中国政府实施外汇管理与推进汇率形成机制改革提供理论参考。

以往关于托宾税的理论研究主要基于市场有效和理性预期的传统市场均衡模型。近年来,更多的研究表明,在评估托宾税效应时,由异质交易者组成的市场微观结构非常重要。例如,Stanek 和 Kukacka(2018)在 De Grauwe 和

Grimaldi(2006)的异质交易者模型的基础上研究了托宾税对汇率的影响。他们利用瓦尔拉斯均衡去代替以往文献中的价格函数,研究结果表明,托宾税可以适度降低汇率回报的波动和峰度。此外,研究结果还表明,托宾税减少了与基本价值的长期偏离程度。本章将利差交易者引入 Stanek 和 Kukacka (2018)的异质交易者模型,将关于两类异质交易者的托宾税分析扩展到三类异质交易者的托宾税分析。引入利差交易者的原因有两个:一是托宾税主要目的在于惩罚短期外汇投机,抑制短期跨境资本流动,尤其是投机性资本流动。投机性资本流动是指投资者在不采取抛补性交易的情况下,利用汇率、金融资产或商品价格的变动,伺机买卖,追逐高利而引起的短期资本流动。这种资本流动完全以获取差价收益为目的。而利差交易是造成投机性资本流动的重要驱动因素,因此,研究托宾税对利差交易行为的影响非常有意义。二是从文献的角度,Jongen 等 (2012)和 Spronk 等(2013)已经证实,利差交易在汇率的微观决定中有重要作用。此外,本章研究对利差交易者设定了作为交易成本或风险溢价的利差阈值,当两国利差大于利差阈值时,利差交易者因为获利而进入市场,否则退出市场。虽然利差阈值和托宾税作用类似,但是利差阈值仅仅影响了利差交易者,而托宾税对所有异质交易者均有影响。

5.1 引入托宾税的异质交易者模型

5.1.1 异质预期

假设有限理性的交易者在 t 时刻的信息集 $I_t = \{s_0, s_1, \cdots, s_{t-1}, s_0^*, s_1^*, \cdots, s_{t-1}^*\}$,这意味着交易者在有限理性的条件下,并不像完全理性预期理论所假定的那样具有完美的认知能力。因此,同期的汇率 s_t 和 s_t^* 并不能被知晓,交易者只能利用过去的相关变量信息进行预测。本研究假设汇率的变化 $\widetilde{\Delta} s_{t+1} = s_{t+1} - s_{t-1}$,基本面交易者预期未来汇率会回归基本面水平,则:

$$\widehat{E}_t^f(s_{t+1}) = s_{t-1} + \alpha(s_{t-1}^* - s_{t-1}) \tag{5-1}$$

其中，α 代表未来汇率向基本面汇率的回归系数，反映了汇率向基本面水平的回复速度。本研究假设 $0 < \alpha \leqslant 1$，s_t^* 代表不可观测的基本面汇率。按照 De Grauwe 等（2005）的观点，s_t^* 服从随机游走过程，则：

$$s_t^* = s_{t-1}^* + \sigma_s^* \zeta_t \tag{5-2}$$

其中，ζ_t 代表白噪声过程。

技术交易者预期未来汇率的变动遵循以下公式：

$$\widehat{E_t^c}(s_{t+1}) = s_{t-1} + \beta \Delta s_{t-1} \tag{5-3}$$

其中，$\Delta s_{t-1} = s_{t-1} - s_{t-2}$，$\beta$ 是外推系数。

若 $\beta > 0$，则式(5-3)代表了技术交易者的趋势交易规则；反之，技术交易者具有反转预期。本研究讨论最简单也是最常见的趋势交易规则。

利差交易者预期高收益货币未来不会贬值，甚至会升值，从而可以赚取利差收益和从高收益货币升值中赚取汇差。令利差 $\Delta r_{d-f,\,t-1} = \ln(1 + r_{d,\,t-1}) - \ln(1 + r_{f,\,t-1})$，其中，$r_{d,\,t-1}$ 和 $r_{f,\,t-1}$ 分别是本国和国外利率。利差交易者预期未来汇率变动遵循以下公式：

$$\widehat{E_t^r}(s_{t+1}) = s_{t-1} - \gamma \Delta r_{d-f,\,t-1} \tag{5-4}$$

其中，γ 为回归系数，反映了利差对利差交易者汇率预期的影响程度。

在直接标价法下，正的 γ 代表利差交易者预期，负的 γ 代表 UIP 预期，即交易者期望未来汇率变动遵循 UIP。

5.1.2　需求函数

接下来，本研究探讨外汇市场交易者的资产选择行为。假设 $E_t^i(s_{t+1})$ 是交易者 i 的预期。交易者的风险偏好被二次效用函数 $U(W) = W - \lambda W^2$ 所刻画，其中 W 代表财富，λ 代表风险厌恶。本研究假设所有的交易者有同样的风险厌恶系数，最大化其效用函数如下：

$$\underset{f_t^i}{\mathrm{Max}}\, E_t\left[W_{t+1}^i(s)\right] - \lambda E_t\left[W_{t+1}^i(s)\right]^2 \tag{5-5}$$

不同于 Staneki 和 Kukacka（2018）的研究，本研究假设国内外利率均非零。则 $t+1$ 时刻交易者 i 的财富如下：

$$W_{t+1}^i = (1+r_{d,t})(W_t^i - s_t f_t^i) + s_{t+1}(1+r_{f,t}) f_t^i - \tau |f_t^i - f_{t-1}^i| s_t$$

$$(5\text{-}6)$$

其中，f_t^i 是交易者 i 在时刻 t 的外汇持有量。式(5-6)右边的第三项代表外汇交易的成本，由托宾税 τ 决定。

求解式(5-5)，最大化效用函数，得到交易者 i 的最优外汇持有量：

$$f_t^i(s_t) = \begin{cases} \dfrac{E_t^i(s_{t+1})(1+r_{f,t}) - s_t(1+r_{d,t}+\tau)}{\lambda v_t^i(s_{t+1})(1+r_{f,t})^2} & s_t \in (0, s_1^i) \Leftrightarrow \Delta f_t^i > 0 \\[3mm] f_{t-1}^i & s_t \in [s_1^i, s_2^i] \Leftrightarrow \Delta f_t^i = 0 \\[3mm] \dfrac{E_t^i(s_{t+1})(1+r_{f,t}) - s_t(1+r_{d,t}-\tau)}{\lambda v_t^i(s_{t+1})(1+r_{f,t})^2} & s_t \in (s_2^i, \infty) \Leftrightarrow \Delta f_t^i < 0 \end{cases}$$

$$(5\text{-}7)$$

其中，

$$s_1^i = \frac{E_t^i(s_{t+1})(1+r_{f,t}) - \lambda v_t^i(s_{t+1}^2)(1+r_{f,t})^2 f_{t-1}^i}{1+r_{d,t}+\tau}$$

$$s_2^i = \frac{E_t^i(s_{t+1})(1+r_{f,t}) - \lambda v_t^i(s_{t+1}^2)(1+r_{f,t})^2 f_{t-1}^i}{1+r_{d,t}-\tau}, \quad i = c, f, r$$

汇率变动是跨境投资者最重要的风险来源，较大的预测误差意味着交易者的风险更高。因此，风险由各预期规则的预期误差的平方来衡量，用公式表示如下：

$$v_t^i(s_{t+1}) = [E_t^i(s_{t+1}) - s_t]^2 \qquad (5\text{-}8)$$

式(5-7)的主要证明过程详见本章附录。当成交量 $\Delta f_t^i > 0$，意味着交易者是买者，通过推导得到 $s_t \in (0, s_1^i)$。当成交量 $\Delta f_t^i < 0$，意味着交易者是卖者，得到 $s_t \in (s_2^i, \infty)$。当 $\Delta f_t^i = 0$，意味着交易者并没有买卖，得到 $s_t \in [s_1^i, s_2^i]$。

交易者的最优资产组合配置及无效区域如图 5-1 所示。外汇资产持有量的变化 Δf_t^i 是交易者 i 的初始持有量 f_{t-1}^i 的函数。从图 5-1 直观地看出，当前期风险资产持有量 f_{t-1}^i 与没有税收时的最优风险资产持有量差别不大时，交易者倾向于不交易。

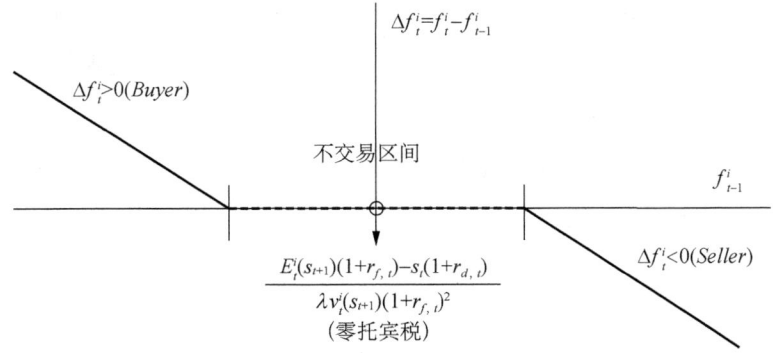

图 5-1　交易者的最优投资组合配置及无效区域

此外，由于需求函数 f_t^i 不再是单调递增或递减函数，因此市场出清汇率不是唯一的，而是一个区间。

5.1.3　学习机制和交易者权重

按照 Spronk 等（2013）的研究，本研究假设市场交易者并非固定使用单一的预期规则，而是通过比较三类预期规则所获得的事后利润来决定对下期规则的选择。因此，外汇市场中使用不同预期规则的异质交易者的动态权重是关于各预期规则带来的利润的函数。

$$\omega_t^i = \begin{cases} \dfrac{\exp(\delta\pi_{t-1}^i)}{\exp(\delta\pi_{t-1}^f) + \exp(\delta\pi_{t-1}^c) + \exp(\delta\pi_{t-1}^r)} & \text{if } |\Delta r_{d-f,\,t-1}| > \xi \\[4mm] \dfrac{\exp(\delta\pi_{t-1}^i)}{\exp(\delta\pi_{t-1}^f) + \exp(\delta\pi_{t-1}^c)} & \text{if } |\Delta r_{d-f,\,t-1}| \leqslant \xi \end{cases}$$

$$(5-9)$$

其中，$i = f, c$，并且，

$$\omega_t^r = \begin{cases} \dfrac{\exp(\delta\pi_{t-1}^r)}{\exp(\delta\pi_{t-1}^f) + \exp(\delta\pi_{t-1}^c) + \exp(\delta\pi_{t-1}^r)} & \text{if} \quad |\Delta r_{d-f,\,t-1}| > \xi \\ 0 & \text{if} \quad |\Delta r_{d-f,\,t-1}| \leqslant \xi \end{cases}$$

$$(5\text{-}10)$$

其中，π_{t-1}^f，π_{t-1}^c 和 π_{t-1}^r 分别是基本面交易者、技术交易者和利差交易者在 $t-1$ 期的利润。选择密度参数 δ 越大，交易者对不同预测规则的选择越敏感。另外，ξ 为两国利差的阈值，可以理解为利差交易者的执行成本或风险溢价。当两国利差超过这一阈值，利差交易策略因获利而被执行；而当执行成本或风险溢价过高，利差交易者因为无利可图从而退出市场。

π_{t-1}^i 代表了交易者于 $t-2$ 期投资、$t-1$ 期到期的利润，用公式表示如下：

$$\pi_{t-1}^i = \left[s_t(1+r_{f,\,t-1}) - s_{t-1}(1+r_{d,\,t-1})\right]\text{sgn}(f_{t-1}^i) - \frac{\tau\,|f_{t-1}^i - f_{t-2}^i|\,s_{t-1}}{|f_{t-1}^i|}$$

$$(5\text{-}11)$$

当 $x > 0$，示性函数 $\text{sgn}(x) = 1$；当 $x < 0$，$\text{sgn}(x) = -1$；当 $x = 0$，$\text{sgn}(x) = 0$。

式(5-11) 意味着若交易者准确预测下期汇率变动方向，则他们可获税前利润为 $|s_t(1+r_{f,\,t-1}) - s_{t-1}(1+r_{d,\,t-1})|$，反之遭受税前损失 $-|s_t(1+r_{f,\,t-1}) - s_{t-1}(1+r_{d,\,t-1})|$。式(5-11)右边第二项为交易头寸的托宾税。

5.1.4　市场出清汇率

假设时刻 t 的总需求函数 $D_t(s_t)$ 为三类异质交易者的需求函数的加权平均，则：

$$D_t(s_t) = \sum_{i \in \{f,\,c,\,r\}} \omega_t^i f_t^i$$

$$(5\text{-}12)$$

假设 Z_t 代表时刻 t 的总供给，市场出清汇率 s_t^e 由市场出清条件决定，则：

$$D_t(s_t^e) = Z_t$$

$$(5\text{-}13)$$

这意味着外汇总供给等于总需求。外汇供给主要来自两方面:一方面来自于央行干预的外汇供给 V_t;另一方面来自经常账户的贸易净顺差 C_t。于是,Z_t 可进一步写为:

$$Z_t = \theta_1 V_t + \theta_2 C_t \tag{5-14}$$

其中,系数 θ_1 和 θ_2 分别衡量了央行干预和经常账户净顺差对汇率决定的不同效应。

当 $\tau = 0$,均衡汇率表示如下:

$$s_t = \left(\frac{1 + r_{f,t}}{1 + r_{d,t}}\right) \times$$

$$\frac{1}{\sum_{i \in \langle f, c, r \rangle} \frac{\omega_t^i}{\lambda(1 + r_{f,t}) v_t^i(s_{t+1})}} \left[\sum_{i \in \langle f, c, r \rangle} \frac{E_t^i(s_{t+1}) \omega_t^i}{\lambda(1 + r_{f,t}) v_t^i(s_{t+1})} - Z_t\right]$$

$$\tag{5-15}$$

当 $\tau > 0$,均衡汇率表示如下:

$$s_t = \frac{1}{\sum_{i \in \langle f, c, r \rangle} H_t^i} \left[\sum_{i \in \langle f, c, r \rangle} \frac{E_t^i(s_{t+1}) \omega_t^i}{\lambda(1 + r_{f,t}) v_t^i(s_{t+1})} - Z_t\right]$$

$$\tag{5-16}$$

其中,$H_t^i = \frac{[1 + r_{d,t} + \tau \mathrm{sgn}(\Delta f_t^i)] \omega_t^i}{\lambda(1 + r_{f,t})^2 v_t^i(s_{t+1})}$。进一步地,$\mathrm{sgn}(\Delta f_t^i)$ 代表了交易的方向,且表示如下:

$$\mathrm{sgn}(\Delta f_t^i) = \begin{cases} 1 & \text{if} \quad \Delta f_t^i > 0 \\ 0 & \text{if} \quad \Delta f_t^i = 0 \\ -1 & \text{if} \quad \Delta f_t^i < 0 \end{cases}$$

H_t^i 依赖于交易量 Δf_t^i。因此,均衡汇率取决于交易者 i 是买者或卖者,均衡汇率并不唯一。

5.1.5 均衡性质分析

假设 B 和 S 分别为买者集和卖者集,以下两个性质阐述了托宾税对均衡汇率和最优外汇持有量的影响。

性质 1:

(1) 对于 $i \in \{f, c, r\}$,托宾税对均衡汇率的影响依赖于 $\sum \dfrac{\mathrm{sgn}(\Delta f_t^i)\omega_t^i}{\lambda(1+r_{f,t})^2 \nu_t^i(s_{t+1})}$。当 $\sum \dfrac{\mathrm{sgn}(\Delta f_t^i)\omega_t^i}{\lambda(1+r_{f,t})^2 \nu_t^i(s_{t+1})}$ 为正/负/零时,$\dfrac{\mathrm{d}s}{\mathrm{d}\tau}$ 为负/正/零。

(2) 若所有交易者是买者,即 $j \in B$,则 $\dfrac{\mathrm{d}s}{\mathrm{d}\tau} > 0$;若所有交易者是卖者,即 $j \in S$,则 $\dfrac{\mathrm{d}s}{\mathrm{d}\tau} < 0$;若所有交易者不交易,则 $\dfrac{\mathrm{d}s}{\mathrm{d}\tau} = 0$。

其证明见本章附录。按照性质 1,很难得到托宾税对汇率的直接效应。并且性质 1 中的第(2)种情形——市场上所有交易者是买者或者卖者,这种单边市场在现实世界中很少见。

性质 2 阐述了托宾税对最优外汇持有量和成交量的影响。

性质 2:

(1) 托宾税减少了买者的外汇持有量,即对于 $i \in \{c, f, r\}$,$j \in B$,有 $\dfrac{\mathrm{d}f_t^{i,j}}{\mathrm{d}\tau} < 0$。

(2) 托宾税增加了卖者的外汇持有量,即对于 $i \in \{c, f, r\}$,$j \in S$,有 $\dfrac{\mathrm{d}f_t^{i,j}}{\mathrm{d}\tau} > 0$。

(3) 托宾税减少了外汇成交量,即 $\sum_{i \in \{f, c, r\}, j \in B} \omega_t^{i,j} \dfrac{\mathrm{d}f_t^{i,j}}{\mathrm{d}\tau} = -\sum_{i \in \{f, c, r\}, j \in S} \omega_t^{i,j} \dfrac{\mathrm{d}f_t^{i,j}}{\mathrm{d}\tau} < 0$。

其证明见本章附录。

对于外汇交易双方而言,买者的外汇持有量 $f_t^{i,j} > 0$,卖者的外汇持有量 $f_t^{i,j} < 0$,外汇成交量为 $|f_t^{i,j} - f_{t-1}^{i,j}|$。

托宾税对最优外汇持有量 $f_t^{i,j}$ 的效应分两个部分,即托宾税的直接效应和通过均衡汇率的间接效应。

$$\frac{\mathrm{d}f^{i,j}}{\mathrm{d}\tau} = \frac{\partial f^{i,j}}{\partial \tau} + \frac{\partial f^{i,j}}{\partial s}\frac{\partial s}{\partial \tau} \tag{5-17}$$

式(5-17)右边第一项 $\dfrac{\partial f^{i,j}}{\partial \tau}$ 对于买者是负的,对于卖者来说是正的。

第二项中的 $\dfrac{\partial f^{i,j}}{\partial s}$ 对买者和卖者来说都是负的, $\dfrac{\partial s}{\partial \tau}$ 可以有任何符号。当价

格变化效应并不强时, $\dfrac{\mathrm{d}f^{i,j}}{\mathrm{d}\tau}$ 和 $\dfrac{\partial f^{i,j}}{\partial \tau}$ 有相同的符号。

不论交易者在市场交投活跃,即 $|f_t^{i,j} - f_{t-1}^{i,j}| > 0$,还是没有交易,即 $|f_t^{i,j} - f_{t-1}^{i,j}| = 0$,成交量 $|f_t^{i,j} - f_{t-1}^{i,j}|$ 对托宾税 τ 的偏导数均是 $-\dfrac{s_t}{\lambda\, v_t^{i,j}\,(1 + r_{f,t})^2}$,因此托宾税对均衡成交量具有负效应,即提高托宾税会减少成交量。

5.2　仿真模拟

本节考察模型的动态特征。首先,设定模型的参数、变量初始值和随机过程;然后,检验利差和托宾税对异质交易者行为的影响,尤其是对利差交易行为的影响;最后,对托宾税效应进行检验。

5.2.1　参数设定

在对理论模型进行模拟仿真之前,本研究先设定模型的参数、变量初始值和随机过程。假设国内外利率的随机过程满足以下等式:

$$r_{d,t} = r_{d,t-1} + \varepsilon_{d,t} \tag{5-18}$$

$$r_{f,t} = r_{f,t-1} + \varepsilon_{f,t} \tag{5-19}$$

其中,设定 $\varepsilon_{d,t} \sim N(0,\ 0.001)$,$\varepsilon_{f,t} \sim N(0,\ 0.001)$。 因为外汇供给是外生变量,不失一般性,本研究假设外汇供给 Z_t 是随机数,令 $Z_t = |\kappa_t|$,其中 $\kappa_t \sim N(0,\ 0.0001)$。 状态变量的初始值分别为 $s_1 = 100$,$s_2 = 101$,$s_3 = 102$,$s_1^* = 99$,$s_2^* = 96$,$s_3^* = 100$,$r_0^d = 0.02$,$r_0^f = 0.01$,$f_1^f = f_1^c = f_1^r = 0$,$f_2^f = f_2^c = f_2^r = 1$。

表 5-1 是理论模型的参数设定。按照 De Grauwe 和 Grimaldi（2006）、Spronk 等（2013）的观点,具有均值回复预期的基本面交易策略和具有外推预期的技术交易策略对投资者来说是具有吸引力的投资策略,因此本研究假设 $\alpha = 0.9$,$\beta = 0.9$。 不失一般性,本研究假设利差交易者预期系数 $\gamma = 0.9$,选择密度参数 $\zeta = 0.01$,风险厌恶系数 $\lambda = 2$,两国利差阈值 $\tau = 0.03$。托宾税取值从 0 到 1%,间隔为 0.0001。

表 5-1　理论模型参数表

参数	数值	含义
α	0.9	基本面交易者的均值回复速度
β	0.9	技术交易者的外推参数
γ	0.9	利差对汇率的影响程度
ζ	0.03	两国利差的阈值
δ	0.01	选择密度参数,反映机制转换的快慢
λ	2	风险厌恶系数
τ	[0,0.01]	托宾税

5.2.2　两国利差对利差交易者的影响

图 5-2 和图 5-3 分别代表理论模型在第 5.2.1 节固定参数、变量初始值和随机过程设定下迭代 5 000 次的两个模拟过程。其中,图 5-2 和图 5-3 中的第一幅图代表模拟的市场汇率与基本面汇率,第二幅图代表三类异质交易者在市场的动态权重,第三幅图代表本国利率、国外利率、两国

利差及利差阈值的动态过程。

首先,两国利差通过利差交易影响了汇率。当两国利差大于利差阈值,利差交易者因为获利,而与基本面交易者、技术交易者共同存在于市场。由于利差交易者的存在,市场汇率偏离基本面水平(如图5-2和图5-3所示)。当两国利差小于利差阈值,利差交易者退出市场,仅基本面交易者和技术交易者存在于市场,因此市场汇率回复基本面水平。例如,模拟1中市场汇率在 $t=1\,500$ 附近短暂回复基本面水平。

然后,两组模拟结果均显示了市场汇率的两个阶段——基本面水平回复阶段和偏离基本面水平的泡沫阶段的动态过程,相比较而言,模拟1展示了短期泡沫阶段,而模拟2展示了长期泡沫阶段。以模拟2为例,在整个模拟期间内,正向利差持续超过阈值,利差交易者有利可图,对市场汇率有强烈的下行压力,产生了泡沫的源头,在技术交易者的推波助澜下,泡沫得以持续和加强,因此在整个模拟期间内,从 $t=3\,700$ 到 $t=5\,000$,市场汇率在

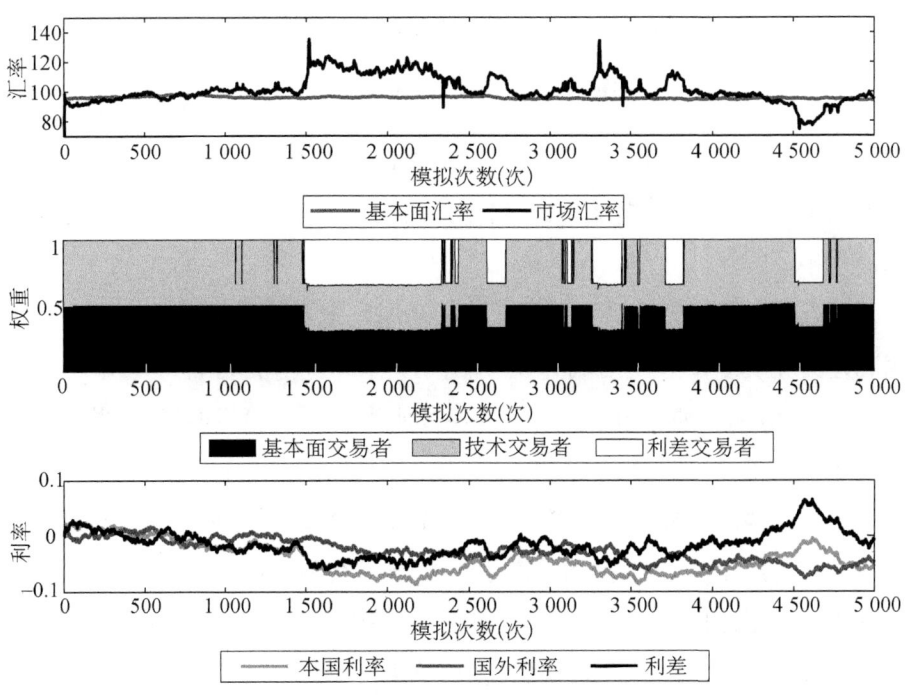

图5-2　理论模型的仿真模拟1

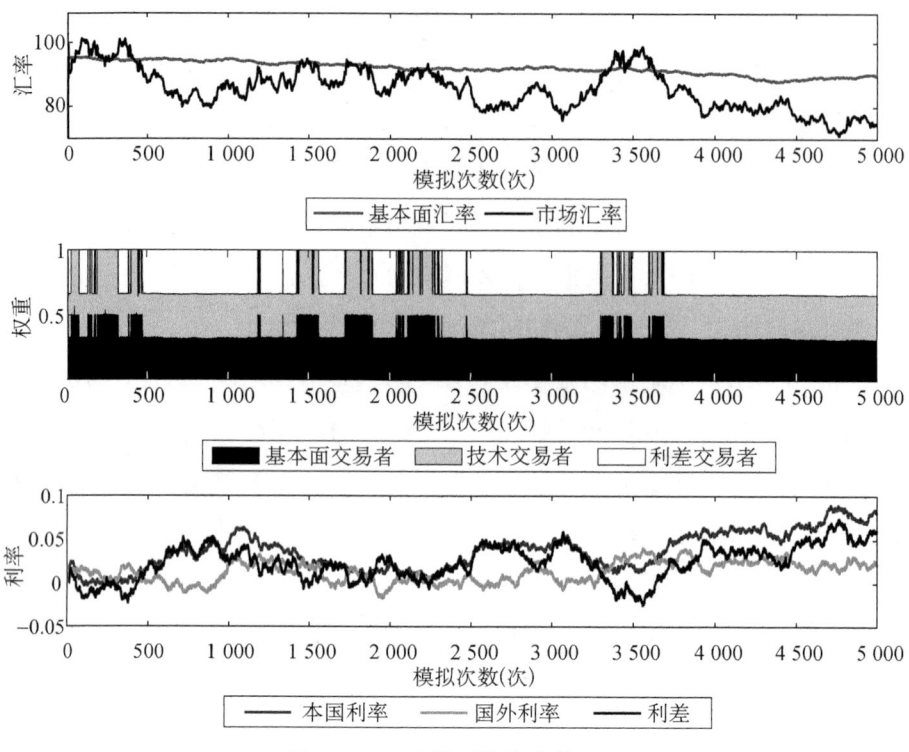

图 5-3 理论模型的仿真模拟 2

基本面汇率之下。模拟 2 表明利差交易者的长期存在导致了均衡汇率对基本面水平的长期偏离,若频率以日计算,市场汇率要经历 3.6 年才回复到基本面水平。

最后,图 5-2 和图 5-3 分别显示了利率的上行趋势和下行趋势。当两国利差为正(负)时,根据利差交易规则,由于利差交易者对本币抱有升(贬)值预期,从而使得市场汇率对基本面水平有下(上)行的压力,并且技术交易者加强了这一趋势。

表 5-2 显示了异质交易者动态权重的描述性统计。从表 5-2 中可以看出,三类交易者的平均权重均偏离了 1/3,技术交易者占最大市场比例,其次是基本面交易者和利差交易者。当利差阈值相对较高时,利差交易者平均权重相对较低,说明利差阈值代表了利差交易的进入成本。此外,利差交易者的标准差大于基本面交易者和技术交易者,这意味着利差交易者频繁进出市场。

表 5-2　异质交易者市场权重的描述性统计

	$\zeta = 0.01$			$\zeta = 0.03$		
	基本面 交易者	技术 交易者	利差 交易者	基本面 交易者	技术 交易者	利差 交易者
均值	0.3585	0.3769	0.2642	0.4246	0.4440	0.1310
最小值	0	0	0	0	0	0
最大值	0.6832	0.6384	0.3526	0.5204	0.6178	0.3514
标准差	0.0761	0.0678	0.1425	0.0866	0.0809	0.1664

5.2.3　托宾税效应

本研究选择了汇率的四个指标(汇率波动、市场汇率与基本面水平的偏离、峰度和成交量)来考察托宾税的影响。

$$sd = \sqrt{\frac{1}{T} \sum_{t=1}^{T} (r_t - \bar{r})^2} \tag{5-20}$$

托宾税对汇率波动的影响是有关托宾税争议的核心问题。虽然托宾税的支持者认为托宾税可以减少波动,但暂时没有得到一致的结论。

$$dist = \frac{1}{T} \sum_{t=1}^{T} |s_t - s_t^*| \tag{5-21}$$

本研究将市场汇率与基本面水平的偏离称为"价格扭曲",可以用于衡量时间序列中定价错误的程度。通常,价格扭曲由两个不同的来源共同决定:一是由利差交易者驱动的 UIP(无抵补利率平价)持续偏差;二是由技术交易者外推预期推波助澜形成的短暂偏差。

$$kurt = \frac{\frac{1}{T} \sum_{t=1}^{T} (r_t - \bar{r})^4}{\left[\frac{1}{T} \sum_{t=1}^{T} (r_t - \bar{r})^2 \right]^2} \tag{5-22}$$

以往有些文献表明,托宾税对汇率波动和峰度有不同的效果。例如,

Demary(2006)认为托宾税减少了汇率回报的波动,但增大了汇率回报的峰度。相反地,Lavicka 和 Lichard(2016)认为托宾税增大了汇率波动,但减少了汇率峰度。

$$vol = \frac{1}{2T} \sum_{t=1}^{T} \sum_{i=1}^{N} |f_t^i - f_{t-1}^i| \qquad (5-23)$$

托宾税对成交量的影响方向几乎没有争议。但是,托宾税对成交量的影响程度经常会被讨论,因为这对于估算税收可能带来的收益至关重要。

$$vol^+ = \frac{1}{2T} \sum_{t=1}^{T} \sum_{i=1}^{N} (f_t^i - f_{t-1}^i)^+ \qquad (5-24)$$

$$vol^- = \frac{1}{2T} \sum_{t=1}^{T} \sum_{i=1}^{N} (f_t^i - f_{t-1}^i)^- \qquad (5-25)$$

鲜少有文献讨论托宾税对买卖双方成交量的不对称影响。交易是有方向的,这对于评估托宾税对跨境资本流动的影响至关重要。因此,托宾税分别对异质交易者的买卖双方成交量的影响是本节研究重点关注的问题。

为了评估托宾税对汇率的影响,本研究针对托宾税(托宾税从 0 到 1%,以 0.01% 为步长,共 101 个数值)的每种税率进行了 5 000 次模拟运行,每次模拟持续 50 个交易回合。图 5-4 至图 5-21 描绘了托宾税对汇率回报的波动、峰度、价格偏离和成交量的影响,图中报告了各个统计量的均值以及第

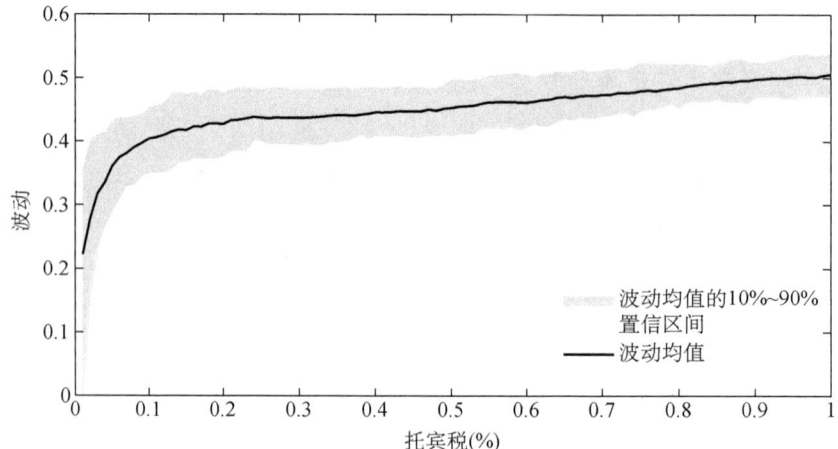

图 5-4　托宾税 τ 对汇率波动的影响

10 个和第 90 个百分点。

图 5-4 表明,托宾税对汇率波动率的影响是单调增加的。当托宾税小于 0.1%,托宾税会使汇率波动率急剧增加。但是,当托宾税处于 0.1% 到 1% 区间时,虽然税收在统计上显著增加了平均波动率,但增加幅度不大。因此,如果税率设置得太高,对汇率波动几乎没有影响。在实践中,该结果表明没有必要征收高额税款以实现所需的稳定效果,低额征税就会产生预期的效果。本研究的仿真支持 Lavicka 和 Lichard(2016)关于托宾税增加汇率波动性、减少峰度的结论,而与 Staneki 和 Kukacka(2018)的结论相反。

与 Lavicka 和 Lichard(2016)的结论一致,本研究发现托宾税减少了汇率回报的峰度(见图 5-5)。随着托宾税的增大,托宾税对汇率峰度的影响逐渐降低,这意味着税收的稳定作用主要是通过消除价格的偶发性的大变化而使汇率变动的幅度基本不受影响。

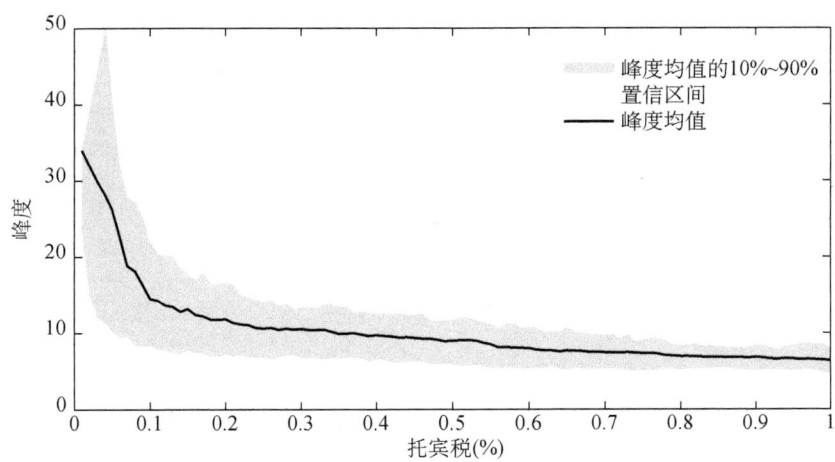

图 5-5 托宾税 τ 对汇率峰度的影响

如图 5-6 所示,托宾税加剧了汇率与基本面水平的偏离,即加剧了汇率价格扭曲。税收越高,价格扭曲越大。因此,如果税率设置得太高,可能会导致汇率与基本面水平有较大的偏差,使得资产价格扭曲和市场资源分配无效。该结果表明,托宾税可能是一种应急措施,旨在应对资本流动的急剧和巨大波动,但是,它不适合作为长期政策工具。

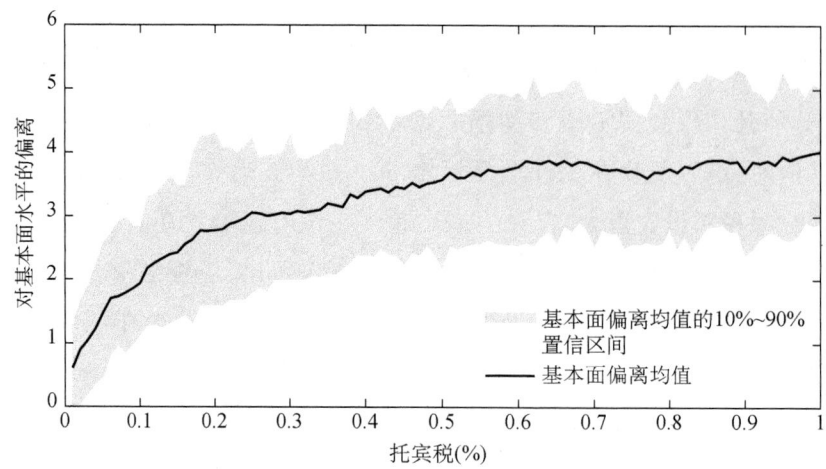

图 5-6　托宾税 τ 对基本面水平偏离的影响

图 5-7 至图 5-9 描绘了外汇成交量和托宾税之间的关系。成交量不是托宾税的单调函数。当托宾税小于 0.15％，外汇成交量随托宾税的增大而增大，在托宾税达到 0.15％的税率时外汇成交量达到最大。当托宾税处于 0.15％到 1％的区间时，托宾税会适度降低成交量。从仿真模拟中可以看出，小额税收有助于增加成交量，而太高的税收则会减少成交量。以往文献也得到了关于税收与外汇成交量之间的关系，例如 Weber 和 Rosenow

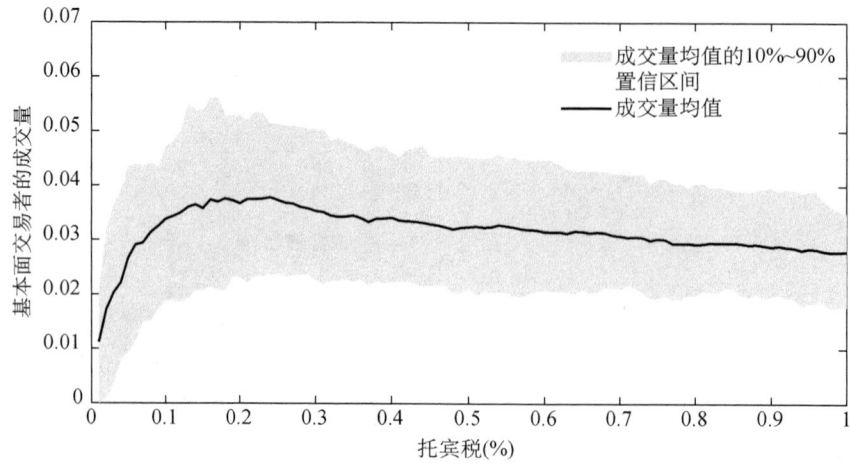

图 5-7　托宾税 τ 对基本面交易者成交量的影响

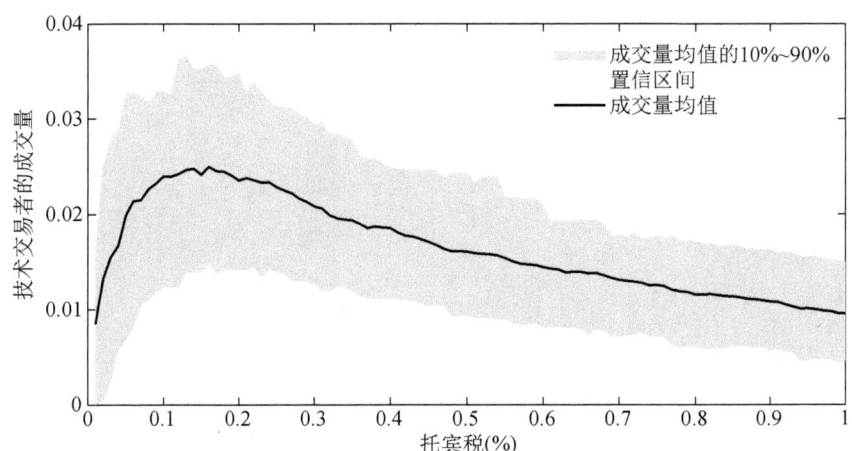

图 5-8　托宾税 τ 对技术交易者成交量的影响

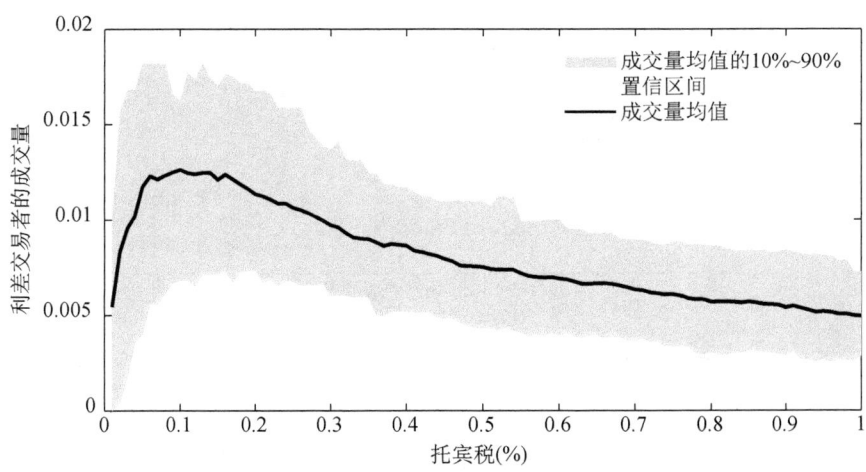

图 5-9　托宾税 τ 对利差交易者成交量的影响

（2005）、Smid（2016）根据经验估计出税收对外汇成交量的影响是非线性的，大多是凸形。

图 5-10 至图 5-15 显示了托宾税对异质交易者买卖双方成交量的不对称影响。对于买卖双方而言，成交量 $\left| f_t^i - f_{t-1}^i \right|$ 对托宾税的导数 $-\dfrac{s_t}{\lambda v_t^{i,j} (1 + r_{f,t})^2}$ 为负，因此托宾税的增加减少了买卖双方的成交量。

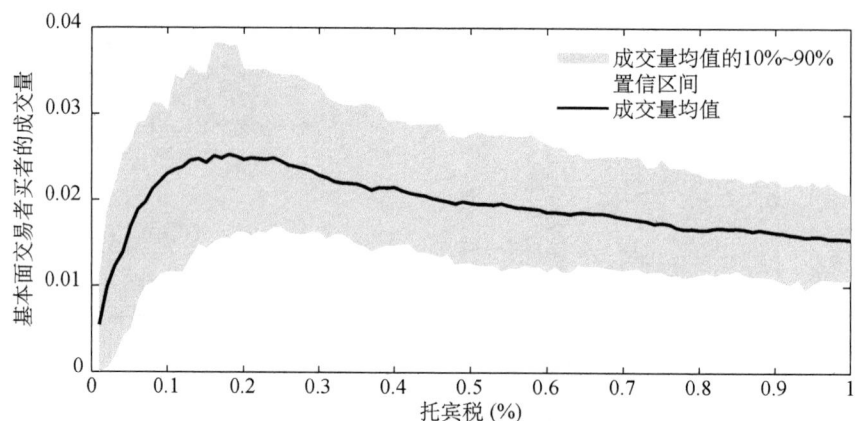

图 5-10　托宾税 τ 对基本面交易者中的买者成交量的影响

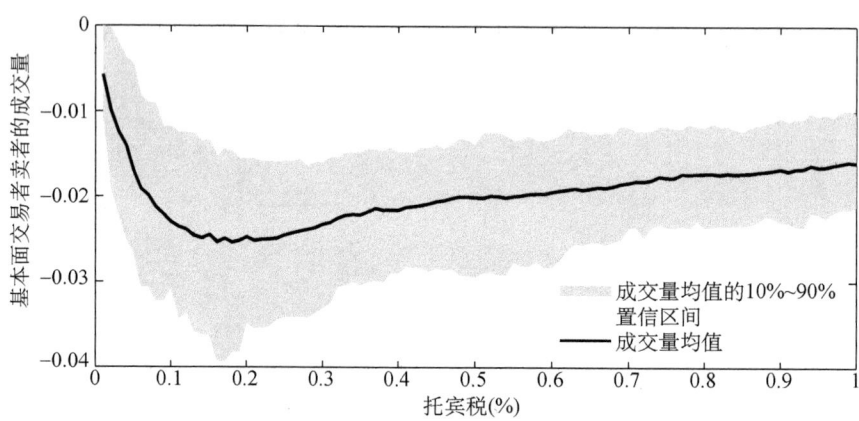

图 5-11　托宾税 τ 对基本面交易者中的卖者成交量的影响

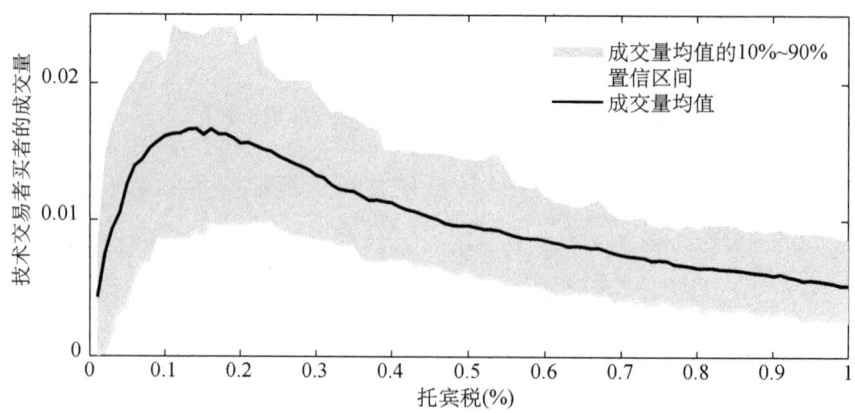

图 5-12　托宾税 τ 对技术交易者中的买者成交量的影响

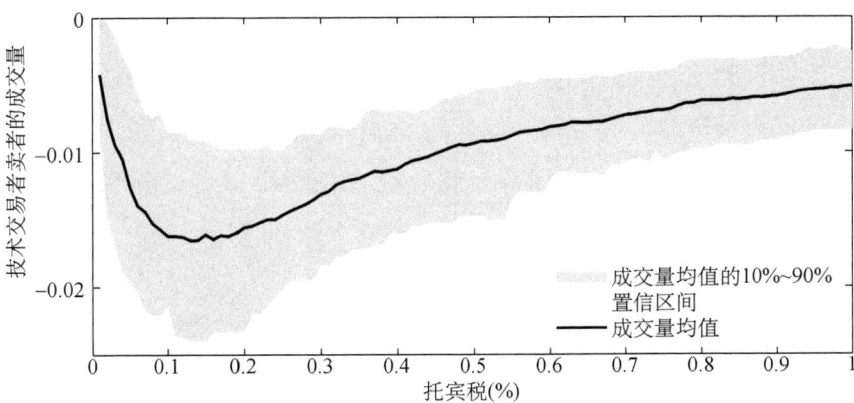

图 5-13　托宾税 τ 对技术交易者中的卖者成交量的影响

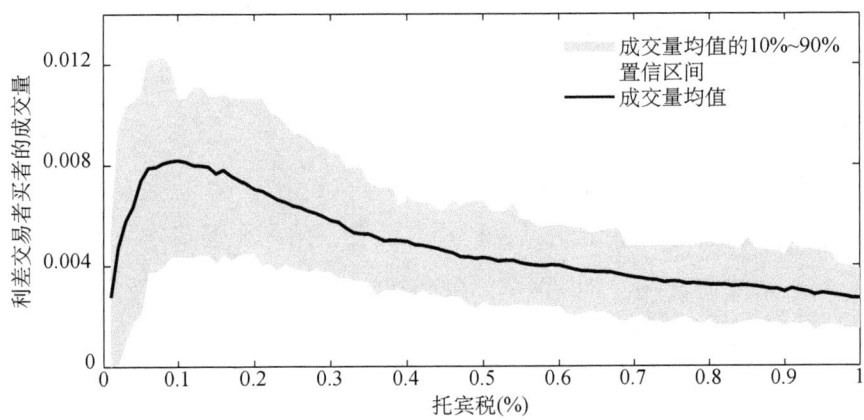

图 5-14　托宾税 τ 对利差交易者中的买者成交量的影响

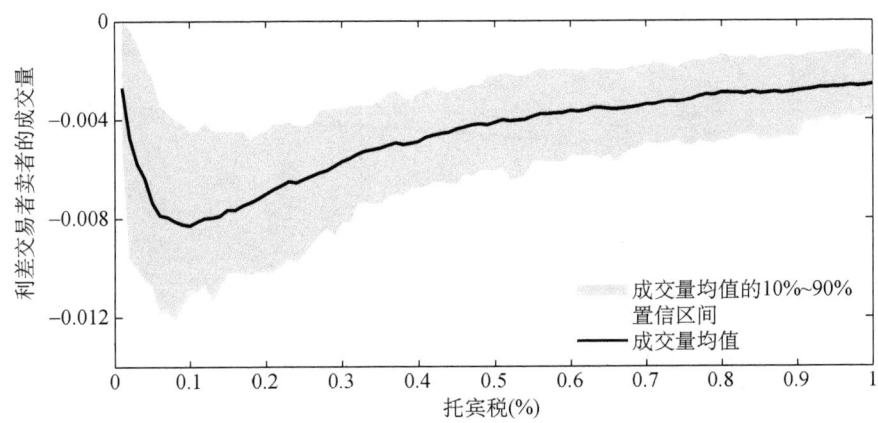

图 5-15　托宾税 τ 对利差交易者中的卖者成交量的影响

　　总结来看,托宾税加剧了外汇波动和价格扭曲,使得交易规模下降、市场流动性萎缩。因此托宾税可以作为短期抑制投机的工具,但长期实施会造成市场资源分配无效。此外,当税率设置太高,托宾税对汇率波动没有影响,反而加剧价格扭曲,因此低税率托宾税即可达到稳定市场的目的。

5.2.4　敏感性分析

　　在第5.2.2节中,本研究得出的结论是,两国利差是影响利差交易者的重要因素,利差阈值表示投机交易的成本。因此,有必要确定当投机交易面临不同的实施成本时,托宾税的影响是否也成立,结果是否稳定。据此,本研究设置投机交易的成本分别为0、0.01、0.02和0.03,进行托宾税的敏感性分析。仿真模拟见图5-16至图5-21。

　　图5-16至图5-21显示了在利差交易者不同的交易成本下,托宾税如何影响汇率波动、价格扭曲、汇率峰度和外汇成交量。所有的托宾税效应对于利差阈值来说都是稳健的。

　　有趣的是,随着利差阈值增大,托宾税增加汇率波动的效果更明显,而托宾税增加价格扭曲和减少峰度的效应随着利差阈值增大而削弱,如图5-16至

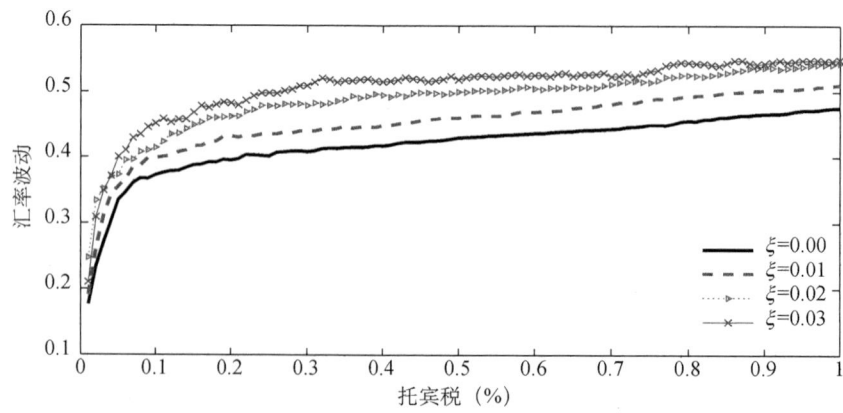

图5-16　利差对汇率波动影响的敏感性分析

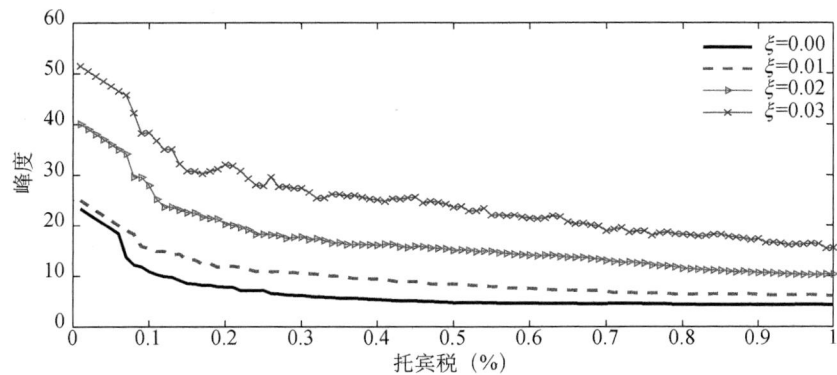

图 5-17 利差对汇率峰度影响的敏感性分析

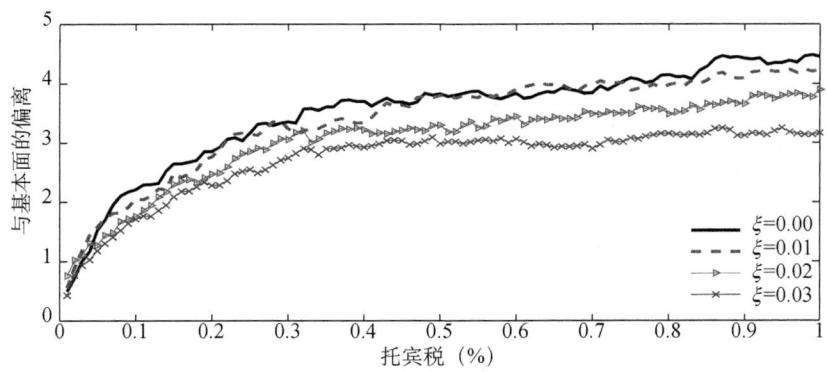

图 5-18 利差对基本面偏离影响的敏感性分析

图 5-18 所示。当利差阈值较低时,利差交易者倾向于进入市场,流动性得到改善,成交量被激活,成交量增加而波动率下降,价格的异常变化减少,因此峰度也相应减少。另外,利差交易者因 UIP 偏差而获利,而利差交易者的套利行为进一步加剧了 UIP 偏差,因此利差阈值越小,利差交易者进入市场的次数越多,价格扭曲的程度也越大。

随着利差交易者的进入,基本交易者和技术交易者的成交量减少,如图 5-19 和图 5-20 所示。然而,图 5-21 显示,利差阈值与利差交易者的成交量之间的关系不太清楚。但是,当托宾税大于 0.2% 并且利差交易者没有交易成本时,其成交量最大。

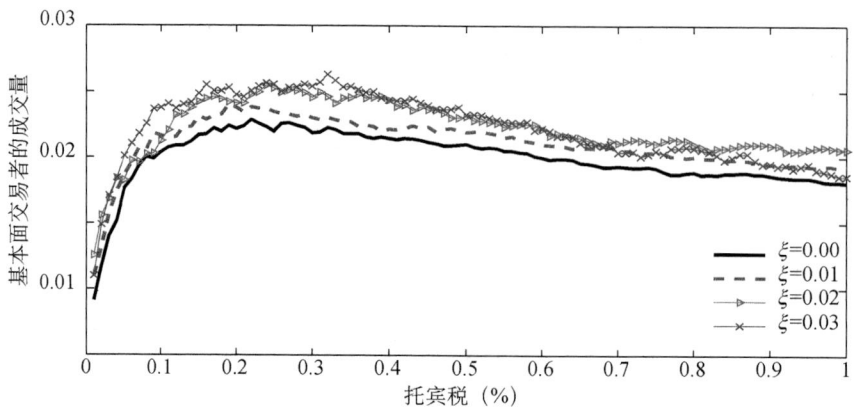

图 5-19　利差对基本面交易者成交量影响的敏感性分析

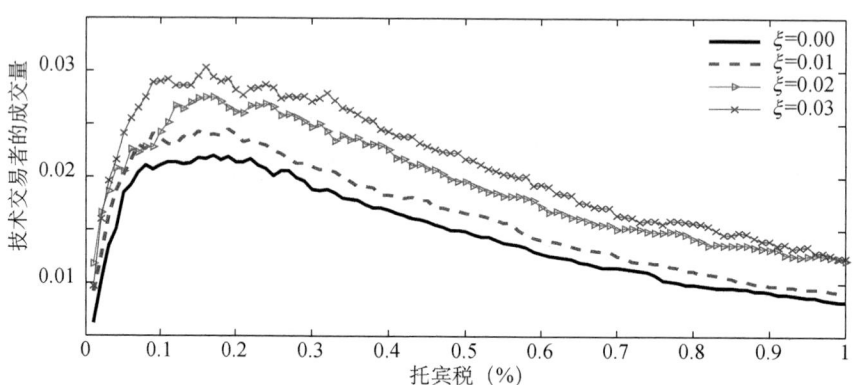

图 5-20　利差对技术交易者成交量影响的敏感性分析

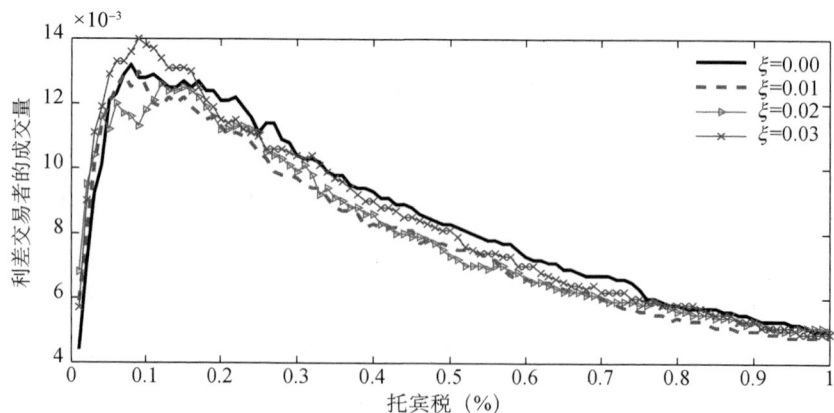

图 5-21　利差对利差交易者成交量影响的敏感性分析

5.3　本章小结

　　本章将利差交易者引入 Stanek 和 Kukacka（2018）的异质交易者模型，分析了托宾税对均衡汇率、波动、偏度、峰度、价格扭曲及外汇成交量的影响。理论和仿真的结果均表明，托宾税降低了外汇成交量和收益率峰度，但同时增加了汇率波动和价格扭曲，对均衡汇率及其收益的影响并不确定。利差交易者提高了市场的流动性，同时使得市场均衡汇率偏离基本面水平，因此利差交易者的引入使得本章的一些结论与 Stanek 和 Kukacka（2018）的观点并不吻合。由于托宾税加剧了汇率与基本面水平的长期背离，它只能作为短期抑制投机活动的紧急措施，而不能作为长期政策工具。

　　敏感性分析进一步表明，当利差阈值（利差交易者的交易成本）增大，托宾税增大价格扭曲、减少汇率峰度和外汇成交量的效应反而被削弱。主要原因在于利差阈值和利差交易者的进入呈负向关系，而利差交易者能提高市场流动性，但同时加剧了汇率价格偏离基本面水平。作为增加投机交易成本的工具，托宾税和利差阈值的作用有相似之处。

本章附录

1. 均衡汇率的推导

外汇交易者的目的在于优化本国和外国资产配置,使其期望效用最大化。假设交易者的期望效用函数如下:

$$L = U_{i,t}(W_{i,t+1}) = E_{i,t}(W_{i,t+1}) - \frac{1}{2}\mu_i v_{i,t}(W_{i,t+1}) \qquad (5-26)$$

将 $W_{i,t+1}$ 代入上式:

$$L = (1 + r_{d,t})(W_t^i - s_t f_t^i) + E_t(s_{t+1})(1 + r_{f,t})f_t^i - \tau|f_t^i - f_{t-1}^i|s_t$$
$$- \frac{1}{2}\lambda(1 + r_{f,t})^2 (f_t^i)^2 v_{i,t}(s_{t+1}) \qquad (5-27)$$

假如 $\Delta f_t^i > 0$,交易者是买者,通过对目标函数求导,$\frac{\partial L}{\partial f_t^i} = 0$,得到:

$$f_t^i(s_t) = \frac{E_t^i(s_{t+1})(1 + r_{f,t}) - s_t(1 + r_{d,t} + \tau)}{\lambda v_t^i(s_{t+1})(1 + r_{f,t})^2} \qquad (5-28)$$

因为 $f_t^i > f_{t-1}^i$,得到:

$$s_t < \frac{E_t^i(s_{t+1})(1 + r_{f,t}) - \lambda v_t^i(s_{t+1}^2)(1 + r_{f,t})^2 f_{t-1}^i}{1 + r_{d,t} + \tau} = s_1 \quad (5-29)$$

类似地,假如 $\Delta f_t^i < 0$,交易者是卖者,通过对目标函数求导,$\frac{\partial L}{\partial f_t^i} = 0$,得到:

$$f_t^i(s_t) = \frac{E_t^i(s_{t+1})(1 + r_{f,t}) - s_t(1 + r_{d,t} - \tau)}{\lambda v_t^i(s_{t+1})(1 + r_{f,t})^2} \qquad (5-30)$$

因为 $f_t^i < f_{t-1}^i$,得到:

$$s_t > \frac{E_t^i(s_{t+1})(1+r_{f,t}) - \lambda v_t^i(s_{t+1}^2)(1+r_{f,t})^2 f_{t-1}^i}{1+r_{d,t}-\tau} = s_2 \quad (5\text{-}31)$$

最后,如果 $\Delta f_t^i = 0$,交易者决定不交易。因为 L 是常数,当 $s_1 \leqslant s_t \leqslant s_2$,$\frac{\partial L}{\partial f_t^i} = 0$ 始终成立。

2. 性质 1 的证明

令 $G_i = \lambda v_t^i(1+r_{f,t})^2$,将式(5-7)和式(5-17)代入 $\sum \omega_t^i \frac{\mathrm{d} f_t^i}{\mathrm{d}\tau} = 0$,由

$\frac{\partial f_t^i}{\partial \tau} = -\frac{s_t \operatorname{sgn}(\Delta f_t^i)}{G_i}$ 和 $\frac{\partial f_t^i}{\partial s} = -\frac{1+r_{d,t}+\tau \operatorname{sgn}(\Delta f_t^i)}{G_i}$,我们得到 $\frac{\mathrm{d}s}{\mathrm{d}\tau} =$

$\dfrac{-s_t \sum \omega_t^i \operatorname{sgn}(\Delta f_t^i)/G_i}{\sum \omega_t^i[1+r_{d,t}+\tau \operatorname{sgn}(\Delta f_t^i)]/G_i}$。上式的符号由 $\sum \omega_t^i \operatorname{sgn}(\Delta f_t^i)/G_i$

决定。因此,性质 1 得到证明。

3. 性质 2 的证明

通过式(5-17),得到:

$$\frac{\mathrm{d} f_t^i}{\mathrm{d}\tau} = \frac{\partial f_t^i}{\partial \tau}\left\{1 - [(1+r_{d,t})\operatorname{sgn}(\Delta f_t^i)+\tau]\frac{\sum \omega_t^i \operatorname{sgn}(\Delta f_t^i)/G_i}{\sum \omega_t^i(1+r_{d,t}+\tau \operatorname{sgn}(\Delta f_t^i))/G_i}\right\}$$

$$(5\text{-}32)$$

令 e_i 代表大括号里面的表达式,一旦交易者确定是买者或卖者,e_i 将是常数,被写作:

$$e_i = 1 - [(1+r_{d,t})\operatorname{sgn}(\Delta f_t^i)+\tau]\frac{1-L}{(1+r_{d,t}+\tau)+(1+r_{d,t}-\tau)L}$$

$$(5\text{-}33)$$

其中,$L = \dfrac{\sum_{j \in S} \omega_t^{i,j}/G_{i,j}}{\sum_{j \in B} \omega_t^{i,j}/G_{i,j}} \in (0,\infty)$ 是卖者风险厌恶与买者风险厌恶的

比值。

不论交易者是买者还是卖者，$e_i > 0$ 始终成立。因此，$\dfrac{\mathrm{d}f_t^i}{\mathrm{d}\tau}$ 的符号由

$\dfrac{\partial f_t^i}{\partial \tau}$ 决定。按照公式(5-7)，我们得到 $\dfrac{\partial f_t^i}{\partial \tau} = \dfrac{-s_t\,\mathrm{sgn}(\Delta f_t^i)}{G^i}$。当 $\Delta f_t^i > 0$，

意味着交易者是买者，我们得到 $\dfrac{\mathrm{d}f_t^i}{\mathrm{d}\tau} < 0$。否则，当 $\Delta f_t^i < 0$，意味着交易者

是卖者，我们得到 $\dfrac{\mathrm{d}f_t^i}{\mathrm{d}\tau} > 0$。

令 $vol_t^i = |\,f_t^i - f_{t-1}^i\,|$，得到 $\dfrac{\mathrm{d}vol_t}{\mathrm{d}\tau} = \sum \omega_t^i\,\dfrac{\mathrm{d}vol_t^i}{\mathrm{d}\tau} = \sum_{i \in B} \omega_t^i\,\dfrac{\mathrm{d}f_t^i}{\mathrm{d}\tau} =$

$-\sum_{i \in S} \omega_t^i\,\dfrac{\mathrm{d}f_t^i}{\mathrm{d}\tau}\,\dfrac{\mathrm{d}vol_t^i}{\mathrm{d}\tau} < 0$。因此，性质 2 得到证明。

第六章　短期资本流动的异质交易者动机分析

近年来,国际金融市场上短期资本流动规模增大,短期资本通过套利、套汇、套价和套税等行为从多个市场获得超额利润。在经历了长时间的人民币升值和资本流入阶段之后,自2014年第二季度开始,中国出现了国际收支经常项目顺差、资本项目逆差,以及持续的资本净流出的局面,尤其是2015年"8.11汇改"之后,人民币贬值预期浓厚,进一步加大了资本外流,短期资本流动呈现出大幅剧烈波动特征。在中国构建新型开放经济的背景下,短期资本流动的高波动性,尤其是国际资本的突然逆转会对经济发展和金融市场稳定具有负面冲击,因此,揭示短期资本流动的动因和冲击效应,提出相应的政策建议,在抑制投机、稳定汇率的同时,对人民币汇率机制改革和为资本账户逐步开放保驾护航有重要的参考价值。

由于短期资本流动具有较强的波动性和破坏性,对宏观经济产生重要影响,自1997年东南亚金融危机起备受关注。Calvo(1998)和Gabriele等(2000)发现短期资本流入的突然逆转会导致企业破产、人力资本流失以及信贷渠道受损,甚至引发宏观经济的不稳定和金融危机。Converse(2018)发现短期资本流动的波动会导致投资期限错配,通过抑制投资对产出带来负面影响。但短期资本流动波动主要对新兴国家具有显著负向影响,对发达国家不具有显著影响。国内学者朱孟楠和刘林(2010)、李力等(2016)和韩乾等(2017)也对短期资本流动的影响做了有益探讨。短期资本流动对经济体的重要性促使许多学者对短期资本流动的动机进行了研究。例如,Fedderke和Liu(2002)对1994年以来南非短期资本流动进行研究,发现政策不稳定和政治自由化是影响短期资本流出的重要影响因素。汪洋(2004)对 1982 年至 2002 年间中国的资本流动进行了研究,发现中国政府稳定人民币汇率的政策为套利者消除了汇率风险,套利者可以获得稳定的利差收益。苏多永和张祖国(2010)构建了基于套汇、套价、套利和套税的四重套利模型,研究发现套汇和套价是短期国际资本持续流入的主要动机,套利和套税具有促进作用。方先明等(2012)构建向量自回归分布滞后模型,研究国际投机资本流入中国的动机及对经济发展的冲击效应,他们的研究发现套汇和套利是短期资本流入中国的主要动机,且套汇动机更强烈。

此外,国际投机资本流入会对金融资产价格指数和商品价格指数产生冲击。吕光明和徐曼(2012)利用 VAR 模型实证研究发现,由汇率预期驱动的套汇因素对我国短期国际资本流动影响最大,由股价和房价驱动的套价因素对资本流动的影响次之,套利因素影响最弱。赵进文和张敬思(2013)在投机者期望投资效用最大化原则基础上,构建理论模型研究人民币汇率、短期资本流动和股票价格的动态演化过程:人民币升值导致短期国际资本获利流出,货币供给剪刀差扩大,股价下跌,短期资本继续流出,进而人民币贬值,短期资本逢低流入,货币供给剪刀差缩小,股价上涨。吴丽华和傅广敏(2014)构建了人民币汇率、短期资本与股价的理论动态模型,并利用 TVP-SV-VAR 模型进行了实证分析,表明人民币汇率、短期资本流动和股价之间的动态关系随时间而变,在不同时期不同背景下具有不同的影响。胡逸闻和戴淑庚(2015)利用 TVP-VAR 模型,研究金融改革之间关系以及对宏观经济影响,发现利率和汇率的市场化改革会显著增强利率和汇率波动对资本流动冲击的敏感性和反应程度。Barroso 等(2016)的研究发现,美国的量化宽松政策是巴西短期资本流入的重要原因,并伴随货币升值、股市繁荣和消费增长。陈创练等(2017)发现利率与国际资本流动的双向传导较弱,而汇率与国际资本流动的双向传导较为顺畅。Ning 和 Zhang(2018)使用时变概率的马尔科夫机制转换模型,实证分析了中国短期资本流动影响因素,发现短期资本流动对汇率变化敏感,对利率和资产价格变化不敏感,并具有高投机性和高波动性的特点。彭红枫和祝小全(2019)在赵进文和张敬思(2013)的研究基础上,建立了短期资本流动的效用理论模型,并利用TVP-VAR模型进行实证分析短期资本流动的多重动机和冲击。他们的研究结果表明,套汇动机要兼顾即期汇率和汇率预期,中美利差变动的同步性降低导致套利动机始终存在,套价动机在大宗商品市场强于股票市场,房地产政策抑制了短期资本流动在房地产市场上的套价行为。

以往文献讨论短期资本流动动机的理论模型,主要集中在两类:第一类是苏多永和张祖国(2010)、吴丽华和傅广敏(2014),利用柯布—道格拉斯生产函数建立的资本流动"四重套利"模型;第二类是赵进文和张敬思(2013)、彭红枫和祝小全(2019),从投机收益的均值和方差出发建立的短期资本投机效用优化模型。其中,第二类模型强调了汇率预期对短期资本流动的影响,且汇率预期在实证中均以NDF为代理变量。但以上模型均是在理性预期和同质均衡的框架下建立的。

实际上,近年来资本流动影响加大为人民币汇率市场化改革奠定了微观基础,当资本流动对国际收支的影响加大后,汇率会偏离商品属性而更多地具有资产价格属性,心理预期、价格重估等非流量、非交易因素对汇率影响也将加大,而外汇市场又存在预期的自我强化机制。纵观中国大规模资本流动的历史,尤其是2015年"8.11汇改"之后,贬值预期强化对资本流出的影响显著。另外,市场对汇率的预期是异质的,不同经济主体对未来汇率预期的分歧会引发不同的交易行为,这种交互作用进而对短期资本流动产生影响。因此,本研究从异质预期的视角来研究驱动资本流动的交易者动机。中国资本项目并未完全开放,存在一定资本管制,并实施有管理的浮动汇率制度,汇率调整的灵活性仍不够,且存在离岸和在岸市场的"双轨制"汇率。由于在岸人民币汇率与市场利率在一定程度上受到央行的干预,而离岸汇率与利率则由市场供求关系决定,较大的汇差和利差创造了套利空间。此外,中美两国之间的宏观经济不同步也导致套利空间的产生。当市场上存在较大升贬值预期,由于存在资本管制,套息资金通过大宗商品贸易融资活动、虚假进出口贸易和地下钱庄等渠道流通,削弱中国政府宏观调控的效果。因此,针对中国存在离岸和在岸市场"双轨制"汇率及资本管制的现状,本研究从异质预期的视角,构建了短期资本流动的投机者效用理论模型,揭示驱动短期资本流动的异质交易者动机,并使用 TVP-SV-VAR 模型分析异质交易动机对短期资本流动的时变影响。

6.1 异质交易者模型

6.1.1 人民币汇率的异质预期

广义的投机者会利用对汇率未来走势的预期进行低买高卖,以此形成短期资本流动的驱动因素。本研究借鉴了 Jongen 等（2012）、Spronk 等（2013）、李小平和吴冲锋（2018）、Li 等（2019）对外汇市场异质交易者的分类,根据投机者对未来汇率预期的分析方法,将投机者分为基于基本面分析的投机者（基本面交易者）、基于技术分析的投机者（技术交易者）和套利者。基本面交易者认为市场汇率长期会收敛于基本面汇率；技术交易者认为市场汇率走势遵循"动量反转"准则。由于中国利率和汇率市场化机制还不完善,存在资本管制、离岸和在岸人民币"双轨制"汇率,离岸和在岸人民币市场之间存在汇差和利差,并由此出现了博取价差的套利空间。此外,中美两国之间的宏观经济不同步也导致套利空间的产生。一旦套利预期形成,套利者可利用汇差和利差赚取收益。

基本面交易者对未来人民币汇率的预期依赖于市场汇率对基本面汇率的偏离。假设 s_t、s_t^* 分别为 t 时刻在岸人民币市场汇率和基本面汇率,那么基本面交易者对 $t+1$ 时刻汇率的预期 $E_{f,t}(s_{t+1})$ 遵循以下等式:

$$E_{f,t}(s_{t+1}) = s_t - \alpha(s_t - s_t^*) \tag{6-1}$$

其中,$\alpha > 0$ 代表基本面交易者预期市场汇率回归基本面汇率；$\alpha < 0$ 代表基本面交易者预期市场汇率由于惯性继续偏离基本面水平。

令 $\Delta s_t = s_t - s_{t-1}$,技术交易者预期未来汇率的变动遵循以下等式:

$$E_{c,t}(s_{t+1}) = s_t + \beta \Delta s_t \tag{6-2}$$

其中，β 是外推系数。

若 $\beta > 0$，则式(6-2)代表技术交易者的趋势交易规则，当当期汇率比前一期价格下跌时，其预期下一期汇率也会下跌，技术交易者做空人民币；当当期汇率比前一期价格上涨时，其预期下一期价格也会上涨，技术交易者会买入人民币。反之，若 $\beta < 0$，则技术交易者具有反转预期。

利差交易者是套利者之一。他们预期高收益货币未来更可能升值，从而可以赚取利差收益和从高收益货币升值中赚取汇差。由于中国存在资本管制，因此套利空间始终存在，但是会存在一定的管制成本。令利差 $\Delta r_{d-f, t-1} = r_{d, t-1} - r_{f, t-1}$，其中 $r_{d, t-1}$ 和 $r_{f, t-1}$ 分别是本国利率和国外利率。利差交易者预期未来汇率变动遵循以下等式：

$$E_{r,t}(\Delta s_{t+1}) = \gamma \Delta r_t \tag{6-3}$$

其中，γ 为回归系数，反映了两国利差对汇差的影响程度。

在间接标价法下，正的 γ 代表利差交易者预期，负的 γ 代表利差交易者期望未来汇率变动遵循无抵补利率平价(UIP)，此时市场无套利机会，因此 $\gamma < 0$ 的情况不予考虑。当 $|\gamma| \neq 1$，γ 代表资本管制成本。

套汇交易者是第二类套利者。因此尽管境内外人民币即期价格走势趋同，但境外人民币价格的波动往往大于境内人民币价格波动，由此出现了博取价差的套利空间；而套利空间的存在引导投资者在境内外两个市场上低买高卖，会带动 CNY 与 CNH 价差在中长期上回归均衡水平。王芳等(2016)也证实了这一观点，他们认为离岸和在岸人民币汇率之间存在长期均衡关系。因此，假设 s_t 是 t 时刻的 CNY 汇率，e_t 是 t 时刻的 CNH 汇率，套汇者预期未来在岸和离岸人民币汇率差会回归一个基本面水平 C：

$$E_{e,t}(s_{t+1}) = s_t - \theta(s_t - e_t - C) \tag{6-4}$$

其中，θ 代表在岸和离岸汇差向均衡价差回复的速度系数，因此 $\theta > 0$。C 是在岸和离岸人民币价差的均衡值。

为了分析的简便,我们不妨设 C 是常数,但现实世界中 C 是随时间变化的。如图 6-1 所示,CNY 与 CNH 价差分为三个阶段:①2010 年至 2014 年第一季度,由于市场对人民币单边升值预期强烈,离岸人民币汇率管制较少,对市场情绪反应更加灵敏,CNY 与 CNH 汇差处于负价差时期。②2014 年第二季度至 2017 年 5 月,人民币开启贬值周期,尤其"8.11 汇改"之后贬值预期更加浓厚,CNY 与 CNH 汇差处于正价差时期。③2017 年 6 月以来,人民币兑美元开启双向波动格局。市场对于未来人民币汇率走势不再押注单边方向,在此背景下,离岸人民币与在岸人民币走势趋同,二者价差在零附近上下波动。

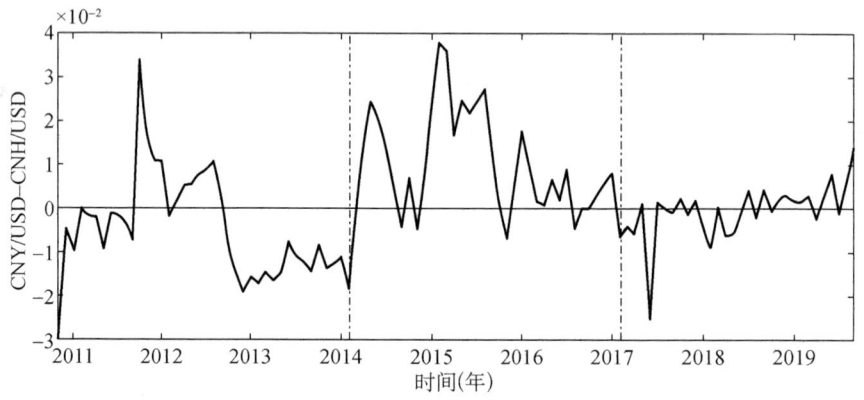

图 6-1 在岸人民币与离岸人民币汇率价差(CNY/USD—CNH/USD)

资料来源:Wind 数据库和 Bloomberg 数据库。

6.1.2 基于异质预期的投机者效用理论模型

假设短期资本投机者是有限理性的,其交易原则遵循期望效用最大化,投机过程无交易成本。令 R_d 为国内平均投资收益率,R_f 为外国投资者的资金成本,$f_{i,t}$ 为短期资本投机者 i 在 t 时刻外国初始拟投入资本量,以外币表示。在间接标价法下,s_{t+1} 为第 $t+1$ 期即期汇率,s_t 为第 t 期即期汇率。国际投机者预期中国投资收益率 R_d 更具有吸引力时,短期资本涌入中国寻求超额收益最大化,并在投资获利后迅速转移。由于我国存在资本管制,实际上存在资本账户管制的隐性成本,该隐性成本通过参数 δ 反映。短期资本投机者 i 在 t 时刻的投机收益 $AR_{i,t}$ 为:

$$AR_{i,t} = \frac{\delta f_{i,t} s_{t+1}(1+R_d)}{s_t} - f_{i,t}(1+R_f) \qquad (6\text{-}5)$$

若短假设资本市场无交易成本,参与者是有限理性的,其交易原则遵循期望效用最大化,本章使用以下均值方差型效用函数:

$$\max_{f_{i,t}} E_t(AR_{i,t}) - \frac{\lambda}{2} V_t(AR_{i,t}) \qquad (6\text{-}6)$$

其中,$f_{i,t}$ 是投机者 i 在 t 时刻投入中国的短期资本。求解上述优化问题,得到最优投入资本量(跨境流入量)如下:

$$f_{i,t}^* = \frac{s_t}{\lambda \delta(1+R_d) V_t(s_{t+1})}\left[E_{i,t}(s_{t+1}) - \frac{s_t(1+R_f)}{\delta(1+R_d)} \right] \qquad (6\text{-}7)$$

因此,t 时刻短期资本流入量 D_t 为:

$$D_t = \omega_{f,t} f_{f,t}^* + \omega_{c,t} f_{c,t}^* + \omega_{r,t} f_{r,t}^* + \omega_{e,t} f_{e,t}^* \qquad (6\text{-}8)$$

其中,$\omega_{f,t}$、$\omega_{c,t}$、$\omega_{r,t}$ 和 $\omega_{e,t}$ 分别为基本面交易者、技术交易者、利差交易者和套汇交易者的市场占比。$f_{f,t}^*$、$f_{c,t}^*$、$f_{r,t}^*$ 和 $f_{e,t}^*$ 分别为基本面交易者、技术交易者、利差交易者和套汇交易者的以外币表示的最优短期资本投入。

6.1.3 异质预期对短期资本流动的影响

首先,分析基本面交易者预期对短期资本流动的影响。市场汇率与基本面汇率的偏离是决定基本面交易者预期的核心因素,因此将公式(6-8)中外汇总需求对基本面偏离求偏导:

$$\frac{\partial D_t}{\partial(s_t - s_t^*)} = \frac{-\alpha s_t \omega_{f,t}}{\lambda \delta(1+R_d) V_t(s_{t+1})} \qquad (6\text{-}9)$$

由式(6-9)知,由于 $s_t>0$,$\omega_{f,t}>0$ 和 $\lambda\delta(1+R_d)V_t(s_{t+1})>0$,因此短期资本流动与基本面偏离的正负向关系由系数 α 决定。从而得到假设1。

假设1:当 $\alpha>0$,即基本面交易者预期本币市场汇率未来会回归基本面汇率,此时短期资本流入与基本面偏离呈负向关系。即当本币市场汇率相对于基本面汇率被高估,$s_t-s_t^*>0$,则基本面交易者预期未来本币市场汇率将贬值,从而造成短期资本外流。反之,当本币市场汇率被低估,$s_t-s_t^*<0$,则基本面交易者预期未来本币市场汇率将升值,从而短期资本流入。

$\alpha<0$ 代表基本面交易者预期本币市场汇率由于惯性继续偏离基本面汇率,此时短期资本流入与基本面偏离呈正向关系,即当本币市场汇率相对于基本面水平被高估,基本面交易者认为短期市场汇率将持续偏离,未来本币汇率将持续升值,资本流入增加;反之亦然。

其次,分析技术交易者预期对短期资本流动的影响。由于汇率变动趋势是决定技术交易者预期的核心因素,因此将公式(6-8)中外汇总需求对汇率变动求偏导:

$$\frac{\partial D_t}{\partial(\Delta s_t)}=\frac{\beta s_t\omega_{c,t}}{\lambda\delta(1+R_d)V_t(s_{t+1})} \tag{6-10}$$

由式(6-10)可知,由于 $\omega_{c,t}>0$,短期资本流动与汇率变动的关系取决于系数 β。从而得到假设2。

假设2:当 $\beta>0$,技术交易者是趋势交易者,短期资本流入与汇率变动呈正向关系。在间接标价法下,当前期本币市场汇率贬值,$\Delta s_t<0$,技术交易者预期未来本币市场汇率也会贬值,从而导致短期资本流出;反之,当前期本币汇率升值,$\Delta s_t>0$,技术交易者预期本币市场汇率未来持续升值,从而资本流入增加。当 $\beta<0$,技术交易者预期未来本币市场汇率会发生反转。同理,短期资本流入与汇率变动呈负向关系。

再次,分析利差交易者预期对短期资本流动的影响。利差交易者预期主要依赖于国内外利差,因此将外汇总需求对两国利差求偏导:

$$\frac{\partial D_t}{\partial(\Delta r_t)} = \frac{\gamma s_t \omega_{r,t}}{\lambda \delta(1+R_d) V_t(s_{t+1})} \tag{6-11}$$

由式(6-11)可知,由于 $\omega_{r,t} > 0$,短期资本流动与两国利差的关系依赖于系数 γ。 从而得到假设 3。

假设 3:由于 $\gamma > 0$,利差交易者利用无抵补利率平价(UIP)的偏离来获利,短期资本流动与国内外利差呈正向关系。当国内利率仍高于国外利率,即 $\Delta r_t > 0$,境内市场投资收益更高,因此短期资本流入量增加;当 $\Delta r_t < 0$,境外市场投资收益更高,因此短期资本外流。

最后,分析套汇交易者预期对短期资本流动的影响。为了分析简便,不妨设 $C=0$。 由于离岸和在岸汇差是决定套汇交易者预期的核心因素,因此将公式(6-8)中外汇总需求对在岸和离岸汇差求偏导:

$$\frac{\partial D_t}{\partial(s_t - e_t)} = \frac{-\theta s_t \omega_{e,t}}{\lambda \delta(1+R_d) V_t(s_{t+1})} \tag{6-12}$$

由式(6-12)可知,由于 $\omega_{e,t} > 0$,短期资本流动与离岸和在岸人民币价差的关系依赖于系数 θ。 从而得到假设 4。

假设 4:由于 $\theta > 0$,套汇者预期在岸和离岸汇差向均衡价差回复,因此短期资本流动与在岸和离岸人民币价差呈负向关系。 间接标价法下,当在岸和离岸人民币价差为正,即 $s_t - e_t > 0$,在岸人民币相对离岸人民币升值,套汇交易者预期在岸人民币未来会贬值,从而短期资本会外流;当在岸和离岸人民币价差为负,即 $s_t - e_t < 0$,在岸人民币相对离岸人民币贬值,套汇者预期在岸人民币汇率未来会升值,短期资本流入增加。

理论分析是建立在对实际问题进行大量简化基础上完成的,现实中各变量之间的相互关系会随时间而变化,因此本章采用 TVP-SV-VAR 模型对短期资本流动与重要变量,如市场汇率对基本面汇率的偏离、汇率变动、中美利差与离岸和在岸汇差的时变关系及相互影响进行实证分析。由于基本面汇率无法观测,因此在实证分析之前有必要先进行基本面汇率的测算。

6.2　基本面汇率测算

基本面汇率是指与宏观经济基本面一致的汇率水平,即由宏观经济基本面所决定的汇率水平(李晓峰、陈华,2012),参考李晓峰和陈华(2012)的做法,我们假设基本面汇率由国内外货币供应量水平、经济产出、利率、预期通货膨胀、通货膨胀、贸易品与非贸易品比值等因素决定,基本面汇率的决定方程如下:

$$\ln s_t^* = c + \beta_1 is_t + \beta_2 il_t + \beta_3 p_t + \beta_4 m2_t + \beta_5 gdp_t + \beta_6 tnt_t + \beta_7 t + \varepsilon_t$$

$$(6-13)$$

其中,c 为常数项,t 为时间趋势;s_t^* 为以间接标价法表示的人民币兑美元汇率;is_t 为中美短期利率差,采用中国一月期银行间回购加权利率和美国一月期国债利率的月度平均值衡量;il_t 为中美长期利率差,代表两国对通货膨胀的预期差异,通过中国一年期银行间国债利率和美国一年期国债利率的月度平均值进行衡量;p_t 为中美通货膨胀率之差,通过中美 CPI 当月同比之差衡量;$m2_t$ 为中美货币供应量的差异,使用中国和美国 M2 当月同比之差;gdp_t 为中美经济产出差异,使用三次样条插值法将季度 GDP 转换为月度 GDP,通过中美月度 GDP 同比之差衡量;tnt_t 为中美贸易品与非贸易品比值之差,贸易品与非贸易品比值计算方法为 PPI/CPI,其中 PPI 和 CPI 分别处理为以 2002 年为基年的序列。美国的 GDP、CPI、一月期和一年期美国国债利率、M2,汇率数据来源于 Wind 数据库,其他数据来源于 Choice 数据库。

首先进行单位根检验,发现每个变量都是一阶平稳的(见表 6-1),进而对原经济变量进行 Johansen 协整检验,如表 6-2 所示,上述经济变量之间存在协整关系。从而得到基本面汇率 s_t^* 的测算方程:

$$\ln s_t^* = -2.2193 + 0.1221 is_t - 0.1253 il_t - 0.0075 p_t + 1.2511 m2_t$$
$$+ 0.0121 gdp_t - 2.3643 tnt_t - 0.0020t \qquad (6-14)$$

表 6-1 变量 ADF 检验结果

变量	检验形式	近似 P 值	变量	检验形式	近似 P 值
lns^*	T, 14	0.9895	D_lns^*	N, 0	0.0000
is	T, 14	0.5688	D_is	N, 0	0.0000
il	T, 14	0.4793	D_il	N, 0	0.0000
P	T, 0	0.0817	D_p	N, 0	0.0000
$m2$	T, 14	0.6258	D_m2	N, 0	0.0000
gdp	T, 14	0.6913	D_gdp	N, 7	0.0000
tnt	T, 14	0.3432	D_tnt	N, 0	0.0000

注:检验形式中第一个参数表示是否含有趋势,第二个参数为滞后阶数。

表 6-2 Johansen 协整检验结果

原假设	最大特征值统计量	最大特征值统计量5%临界值	迹统计量	迹统计量5%临界值
0 个协整向量	67.1437**	48.45	197.1811**	136.61
最多 1 个协整向量	52.5501**	42.48	130.0374**	104.94
最多 2 个协整向量	30.0799	36.41	77.4874	77.74

注:Johansen 协整检验拒绝最多 0 个或 1 个协整秩,不能拒绝最多 2 个协整秩。** 表示在 5% 的显著性水平下拒绝原假设。

由于基本面汇率取决于宏观经济变量的长期水平,因此使用 HP 滤波方法将宏观经济变量提取长期水平,然后再代入协整方程,得到基本面汇率。最终得到的基本面汇率与市场汇率的对比如图 6-2。人民币市场汇率围绕基本面汇率上下波动,两者之间的偏离具有较大持续性。相对于基本面汇率而言,人民币市场汇率长期处于被高估的状态,尤其在 2008 年金融危机之后,受美元走弱的影响,这一趋势更为明显。直至 2015 年"8.11 汇改"之后,人民币进入快速贬值的通道,在国际社会对人民币贬值预期的推波助澜下,人民币市场汇率相对基本面汇率贬值。2017 年,央行对人民币中间价启动逆周期因子调节,市场汇率相对基本面汇率开始升值。

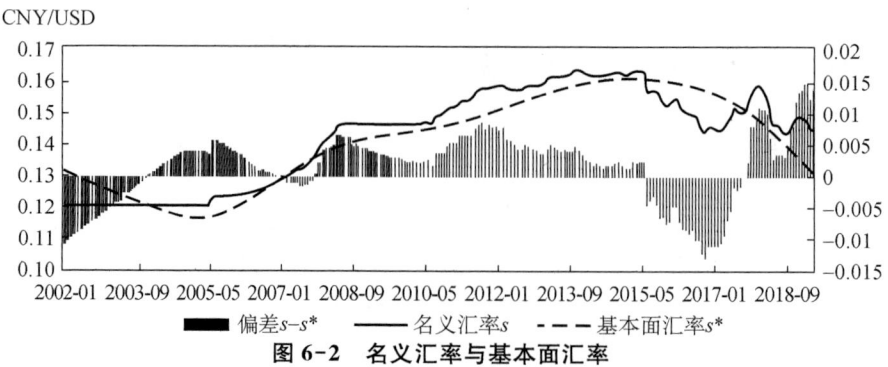

图 6-2　名义汇率与基本面汇率

资料来源:根据 Wind 数据库的在岸人民币兑美元汇率数据和由式(6-14)求得的基本面汇率数据整理得到。

6.3　实证结果

6.3.1　变量说明

基本面交易者的预期依赖于市场汇率与基本面汇率的偏离。通过第 6.2 节计算出基本面汇率,可求得该差额,该偏离量一阶差分记为 f。对技术面投机者而言,其预期依赖于价格的变化趋势和波动程度。汇率变动趋势计算方法为,将间接标价法的在岸人民币汇率期末数据取对数,然后差分,记为 Δs;汇率波动程度计算方法为,先求汇率变动的平方,然后再差分,将其记为 Δs^2。对套利者而言,套利空间来自中美利差及在岸和离岸人民币汇差。选取上海同业拆借利率(SHIBOR)一月期月末数据和伦敦同业拆借利率(LIBOR)美元一月期月末数据代表中美利率,中美利差计算方法为,先将 SHIBOR 减 LIBOR,然后差分,记为 Δr;在岸和离岸人民币汇差采用间接标价法下在岸人民币期末汇率对数值减去离岸人民币期末汇率对数值求得,记为 yh。以上变量均为月度数据,经 ADF 检验上述变量均在 5% 显著性水平下平稳。

国际上计算短期资本流动一般有直接法、间接法和混合法三种估计方法,考虑到不同估计方法结果具有高度一致性(张明,2011),本节使用间接法计算得到的短期资本流动,计算公式为:月度短期资本流动＝月度外汇占款增量－月度贸易顺差－月度实际利用 FDI,并将短期资本流动的差分记为 d。通过 ADF 检验发现,短期资本流动的差分序列不存在单位根。

上述在岸人民币兑美元汇率数据来源于 Wind 数据库,离岸人民币兑美元汇率数据来源于 Bloomberg 数据库,SHIBOR、LIBOR、短期资本流动、标普 500 指数、上证指数数据来源于 Choice 数据库。上述变量均先通过 1％和 99％分位数缩尾处理(winsorize)以消除极端值影响,再对变量进行了 Z-score标准化处理。

6.3.2　因果分析

关于短期资本流动的异质交易者动机的格兰杰因果检验结果如表 6-3 所示。市场汇率与基本面汇率的偏离、汇率收益和汇率波动是短期资本流动的格兰杰原因。而中美利差不是短期资本流动的显著的格兰杰原因,这与吕光明和徐曼(2012)、陈创练等(2017)、Ning 和 Zhang(2018)等许多研究一致。究其原因,一方面中国利率尚未完全市场化,资本账户存在较多限制使利差套利的门槛值较高,导致利率对短期资本流动的影响路径受阻,短期资本必须停留足够长时间才能获得利息差收益;另一方面,短期资本流动中不可观测的非法资金可能通过地下钱庄、虚假贸易等方式获得利息差收益,但是这些资本在官方的统计中均不可观测,最终导致了短期资本流动受利差影响不显著。

表 6-3　异质交易动机的格兰杰因果检验

分类	原假设	P 值
基本面交易者	f 不是 d 的格兰杰原因	0.003
技术面交易者	Δs 不是 d 的格兰杰原因	0.000
	Δs^2 不是 d 的格兰杰原因	0.048
	都不是 d 的格兰杰原因	0.000

（续表）

分类	原假设	P 值
	Δr 不是 d 的格兰杰原因	0.396
套利者	yh 不是 d 的格兰杰原因	0.000
	都不是 d 的格兰杰原因	0.001

短期资本流动对经济带来冲击效应。根据表6-4,在10%显著性水平下,短期资本流动是市场汇率与基本面汇率偏离、人民币在岸离岸价差的格兰杰原因,但是短期资本流动不是汇率收益、汇率波动和中美利差的格兰杰原因,反映了短期资本流动对利率、汇率的传导渠道很大程度上受限于中国的资本管制。

表 6-4　短期资本流动影响的格兰杰因果检验

原假设	P 值
d 不是 f 的格兰杰原因	0.051
d 不是 Δs 的格兰杰原因	0.306
d 不是 Δs^2 的格兰杰原因	0.433
d 不是 Δr 的格兰杰原因	0.783
d 不是 yh 的格兰杰原因	0.033

6.3.3　短期资本流动的异质交易者分析

为了探究三类交易者异质预期对短期资本流动影响,本节通过 TVP-SV-VAR 模型进行实证研究,使用 Nakajima 开发的 MATLAB 程序包进行运算[①]。通过马尔科夫链蒙特卡洛法（MCMC）进行 30 000 次抽样,预烧期为 3 000 次,模型的滞后期为 2。图 6-3 的三行分别为参数自相关函数、样本取值路径和参数后验分布,参数自相关性快速降低并趋于 0,表明通过多次抽样能消除样本之间的自相关性,剔除预烧期后样本取值路径平稳。

---

① 参见:http://sites.google.com/site/jnakajimaweb/。

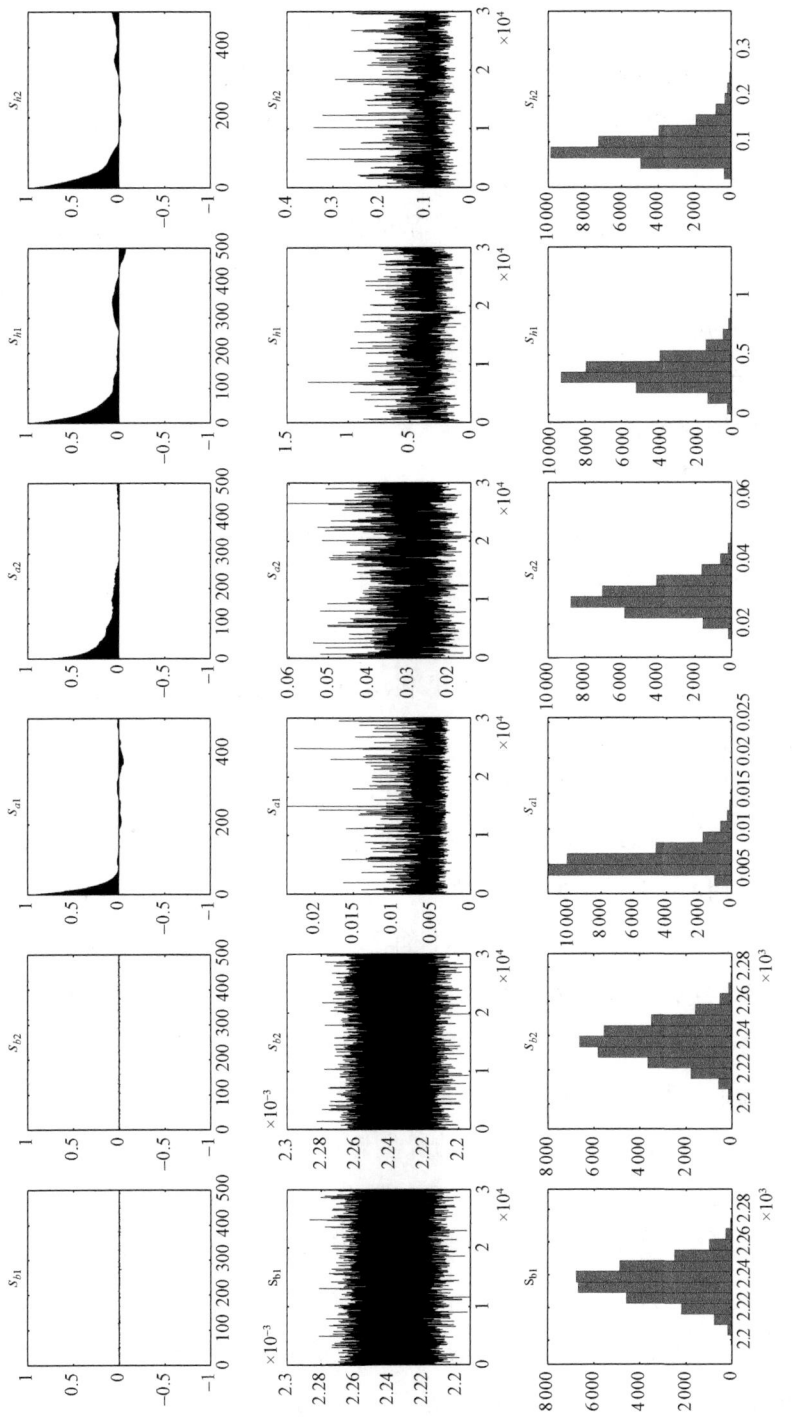

图6-3 参数估计结果

TVP-SV-VAR 模型的估计结果表明全部参数的估计均显著。在 5% 显著性水平下,CD 统计量小于临界值 1.96,因此马尔科夫链趋于收敛。无效因子最大值为 72.61,在 10 000 次抽样的情况下所得样本足够进行后验推断,模型估计有效,因此可以进行进一步的脉冲响应分析。冲击设定为等间隔冲击和固定时点冲击两类,使用等间隔冲击能够全面观测研究期内变量之间的动态关系、短期和长期影响的异同;使用固定时点冲击能够描述不同时点冲击的影响全景,本节选择 2012 年 9 月、2014 年 2 月、2015 年 8 月以及 2017 年 6 月共 4 个时间点进行分析。

针对短期资本流动的不稳定性,本节采用 1 个月、3 个月和 6 个月的脉冲响应时长代表短期、中期和长期影响。

图 6-4 第一行第一幅图展示了短期资本流动的惯性分析,短期资本流动在多数时期不存在惯性效应,短期影响强于中期影响,长期影响较弱。由于短期资本流入的主要动机在于获取短期的利润,当投机机会出现后,短期资本的快速流入会使投机利润空间迅速减小,形成了负反馈机制。值得一提的是,2015 年"8.11 汇改"之后,人民币汇率贬值预期强化,出现大规模短期资本流出,在图中也有所体现。

图 6-4 第一行第二幅图显示,基本面偏离对短期资本流动的影响主要集中于中短期,尤其是短期的正向影响,同时也说明基本面交易者预期短期内市场汇率由于惯性会持续偏离基本面汇率。若市场汇率与基本面汇率之间的偏离增大,基本面交易者预期市场汇率相对于基本面汇率继续升值,其交易行为将促进短期资本的流入。市场汇率相对于基本面汇率升值对应于经济的复苏或过热过程,短期资本的流入会进一步加速经济复苏或过热。另外,基本面偏离对短期资本流动的长期影响为负值,但是并不显著,说明基本面交易者预期市场汇率长期会回归基本面汇率,因此,当市场汇率偏离基本面水平过大,基本面交易者预期市场汇率未来会贬值,将导致短期资本外流。这些结论可以验证假设 1。

图 6-4 第一行第三幅图表示的是汇率变动的冲击对短期资本流动的影响,如果人民币汇率升值加快,将在短期、中期内有利于促进短期资本流入,

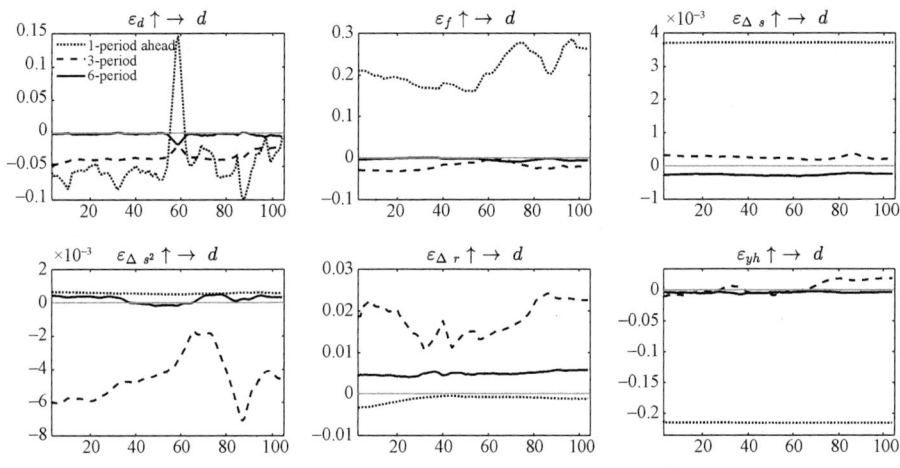

图 6-4 异质交易者动机对短期资本流入影响

长期促进短期资本流出，且中长期的影响相对较小。这说明技术交易者在短期内是趋势交易者，若当前汇率变动为正，技术交易者预期未来汇率会继续升值，短期资本流入。但技术交易者预期汇率长期会反转，因此长期来看，汇率变动与资本流入呈负向关系。以上结论可以验证本章的假设 2。此外，技术交易者在获取收益的同时也会关注风险。

图 6-4 第二行第一幅图表示汇率收益波动冲击对短期资本流动的影响，收益波动的中期影响会导致短期资本的流出，反映出投机资本的风险厌恶特性。

套利交易者通过中美利差、在岸和离岸人民币汇差两个途径进行套利。图 6-4 第二行第二幅图表明，中美利差与资本流入呈正向关系。当中美利差（中国利率-美国利率）为正，中国市场投资收益更高，吸引中期和长期国际资本流入。其中，3 个月利差对资本流动的正向效应最为显著，1 个月的利差具有较弱的负向影响。该结论与本章的假设 3 相吻合。

图 6-4 第二行第三幅图显示，在岸和离岸人民币汇差对短期资本流动的中长期响应接近于零，而短期响应更为显著。短期资本流入对在岸和离岸人民币汇差的短期响应为负，意味着套汇者预期离岸在岸汇差短期会回复均衡

价差,因此若在岸和离岸人民币价差为正,套汇交易者预期在岸人民币未来会相对贬值,将导致短期国际资本外流。该结论与本章的假设 4 一致。

随着资本管制的逐渐放开,短期资本流动规模变化逐渐增大,考虑到不同时间点各因素对短期资本流动影响可能发生变化,为了分析简便,本节选取了等间距且具有代表性的 4 个时点进行分析:2012 年 9 月、2014 年 2 月、2015 年 8 月以及 2017 年 6 月。2012 年 9 月,欧债危机持续升级,并且人民币汇率波动区间进一步放大,汇率市场化改革加快;2014 年 2 月,利率市场化定价快速发展、股市牛市开端;2015 年 8 月,人民币汇率经历了"8.11 汇改",人民币贬值预期浓厚,股灾发生;2017 年 6 月,人民币兑美元汇率中间价报价模型中加入了"逆周期因子",以过滤外汇市场的"羊群效应"。图 6-5 为上述 4 个时点的脉冲响应函数,包含了这 4 个时点上异质预期冲击驱动短期资本流动的形态。

图 6-5 显示,4 个时点上脉冲响应函数的变化方向和幅度基本一致,说明短期资本流动对异质预期冲击的响应比较稳定。异质预期冲击发生后第一个月短期资本快速流入中国,冲击发生后的第二个月便快速流出,冲击的影响一般在 4 至 6 个月过后便会完全消失。因此,异质预期对短期资本流动的冲击是中短期的。

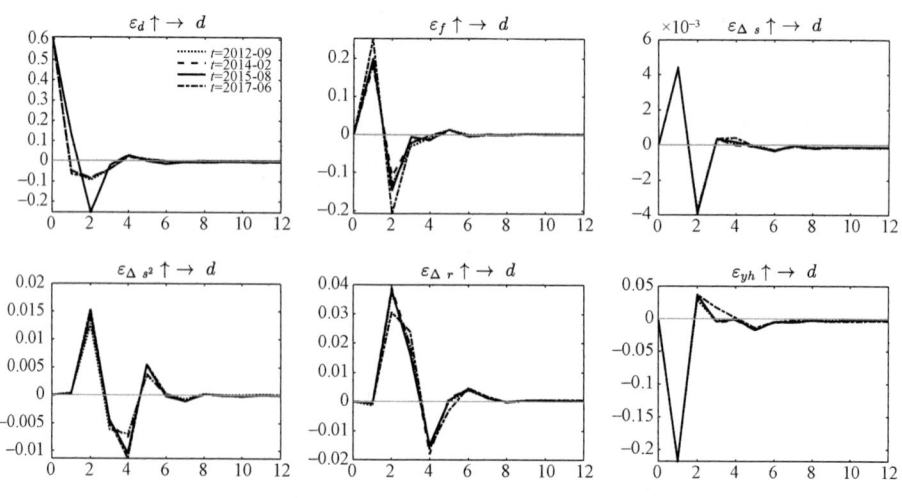

图 6-5   不同时刻异质动机冲击对短期资本流入影响

6.3.4　短期资本流动冲击对异质预期影响分析

短期资本流动也会对异质预期具有重要影响,接下来确定异质预期与短期资本流动之间的动态关系。图 6-6 第一行第二幅图表明,对基本面交易者而言,当短期资本流入有一个正向冲击时,会加大市场汇率与基本面汇率的偏离,如果市场汇率相对于基本面汇率升值,而这又会进一步促进短期资本流入。图 6-6 第一行第三幅图表明,对技术面投机者而言,短期资本的流入也导致汇率收益有正向变化,人民币汇率升值,这反映出了短期资本流入导致人民币汇率持续升值的自我强化机制。基本面交易者和技术交易者的预期与短期资本流动之间具有正反馈机制,因此,当基本面交易者和技术交易者预期发生负向冲击时,即人民币汇率向下偏离基本面水平或者贬值时,短期资本会持续流出,易引发金融危机。图 6-6 第二行第三幅图和第四幅图表明,对套利者而言,短期资本流入的正向冲击对在岸和离岸人民币汇差具有正向效应,即短期资本流入冲击中长期来看扩大了在岸和离岸人民币汇差,加重了市场对人民币的升贬值预期。此外,短期资本流入冲击对短期利差具有负向影响,而对中期利差影响为正,对长期利差的影响并不显著。

另外,图 6-6 也显示 2015 年年末至 2017 年年末,短期资本流入的响应与其他时间差异较大,表现为短期资本流动惯性明显、对汇率的影响力度短期内变小、对汇率波动以及在岸和离岸人民币汇差的影响大幅增加。究其原因,一方面,2015 年“8.11 汇改”使人民币汇率更加真实反映市场供求关系,摆脱了受单一美元汇率的影响,人民币中间价形成的规则性、透明度和市场化水平显著提升;另一方面,2015 年至 2017 年,中国实施了逆周期调控来抵御短期跨境资本流出风险,因此表现为跨境资本流动对在岸和离岸人民币汇差和利差的冲击效应加大。

不同时刻的短期资本流入冲击的影响总体来说较为接近。图 6-7 显示,2015 年 8 月份的短期资本流动冲击比其他 3 个时点的冲击影响幅度更大,持

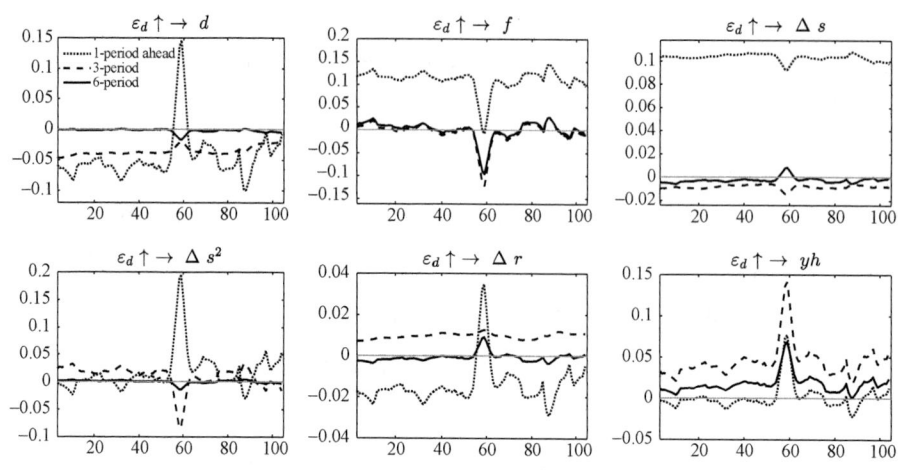

图 6-6 短期资本流入冲击对宏观经济的影响

续时间更久,而其他时刻的冲击一般持续两个月左右便几乎消失。究其原因,2015 年"8.11 汇改"之后,人民币汇率贬值预期强化与短期资本外流形成叠加效应,且中国实施了逆周期调控来抵御短期跨境资本流出风险,因此表现为短期资本流动对基本面偏离、汇率变动、中美利差、在岸和离岸人民币汇差的冲击更加强烈。

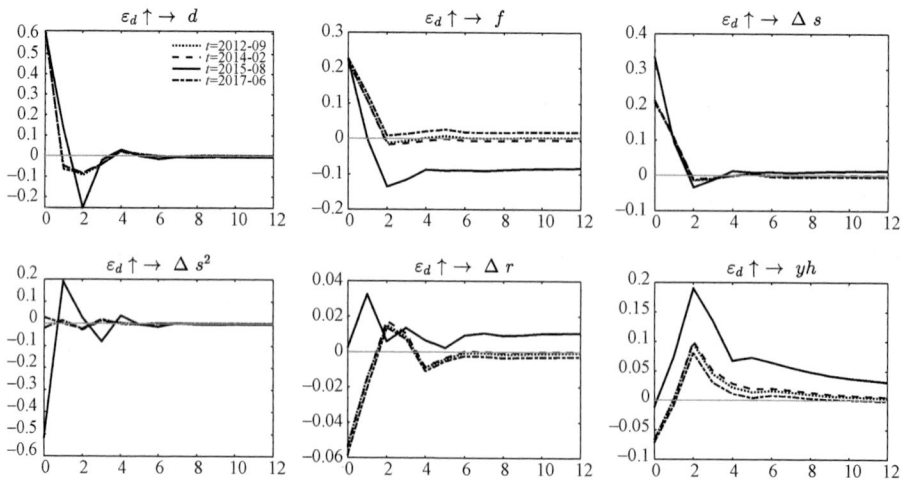

图 6-7 不同时刻短期资本流入冲击的宏观经济影响

6.4　本章小结

本章从微观交易主体的视角解释了短期资本流动的交易动机,分析了有关异质预期的几个重要变量如基本面偏离、汇率变动、中美利差、在岸和离岸人民币汇差与短期资本流动之间的反馈机制,结论如下:

(1)基本面交易者预期未来汇率短期持续偏离基本面汇率,因此短期来看资本流入与基本面偏离存在正反馈机制。而基本面交易者预期未来汇率长期回复于基本面汇率,因此从中长期看,短期资本流入与基本面偏离存在负反馈机制。

(2)技术交易者预期未来汇率短期"动量"长期"反转",因此技术交易者短期会加剧资本流动的规模,资本流入与汇率变动短期存在正反馈机制,而长期呈现负反馈机制。

(3)利差交易者预期未来汇率将违背无抵补利率平价,因此短期资本流入与中美利差形成正反馈机制。

(4)套汇者预期在岸和离岸人民币汇率长期会回复于一个均衡价差,因此短期资本流入与在岸离岸人民币汇差呈负向关系。

从结论中我们能得到一些政策启示:汇率预期是短期资本驱动的重要因素,相关部门应加强预期管理,以达到抑制投机的目的。主要措施如下:一是可以对刻画异质交易者预期的核心变量,如市场汇率与基本面汇率的偏离、汇率变动、中美利差与在岸离岸人民币价差等,进行动态追踪,建立市场预期信号预警机制。一旦市场预期信号预警机制发生预警,央行可选择合适的时机和宏观审慎管理工具来引导和稳定市场预期。二是异质交易者预期与短期资本流动的反馈机制各有不同,因此相关政府部门在制定相应跨境资本流动监管政策时,需要针对不同类型的交易者分类防控,对不同交易者的反馈机制因势利导,既要考虑到异质预期短期对资本流动乃至经济周期的推波助澜的作用,也要考虑到异质预期长期的回复效应,以降低短期资本流动对经济的负面影响。

第七章 汇率微观决定模型对 远期溢价之谜的解释

2008 年金融危机之后,主要发达经济体实施量化宽松政策,以谋求金融市场稳定。全球量化宽松政策进一步助推国际资本流入新兴市场国家,利差交易盛行。然而,随着美联储率先启动货币政策正常化进程,从逐步缩减购债到开始加息,美元的走强势必会改变国际资本的流向。出于避险情绪,利差交易者纷纷平仓。部分新兴经济体受到冲击,跨境资本流出风险和汇率风险日益凸显。因此,利差交易是目前非常值得研究的现实问题。

各国在金融危机之后的经济复苏步调不一,货币政策逐渐出现分化,市场也相应发生了一些变化:一是金融危机之后多国实行量化宽松,使得国家或地区之间的利差套利空间被挤压;二是各国利率政策频繁变动导致投融资货币的地位发生了变化,例如,美元早已不是利差交易者的首选投资货币,反而变成了融资货币。在这种背景下,利差交易者的投资策略势必会发生变化。利差交易主要从两种途径获利:一是从两国利差中获利;二是从高利率货币升值中赚取汇差。而利差交易的风险则来自汇率的波动和利差交易者所持资产价格的波动。当利差套利空间缩小,利差交易者获利减少,追逐利润不再是利差交易者的主要目的,为了锁定利润和规避风险,利差交易者往往会选择平仓,此时市场波动及恐慌情绪会成为利差交易行为的主要驱动因素。因此,寻找能反映全球资本市场波动和情绪的指标,从风险的角度去刻画利差交易行为就变得十分亟需。Brunnermeier 等(2008)的研究指出,市场波动率指数 VIX,全称是芝加哥期权交易所波动率指数,反映了期权投资者对未来股票市场波动性的预期。VIX 指数越高,显示投资者预期未来股价指数的波动性越剧烈。诸多研究表明,在金融全球化的背景下,美国作为全球最大经济体,其资本市场波动会对全球资本市场产生影响,所以VIX 指数可以作为表征全球市场情绪和风险偏好的指标,而并不仅限于股票和股票期权市场。同时 VIX 指数也被称为"全球市场恐慌指数",作为反映全球恐慌情绪的指标,VIX 指数的增大会提高投资者的风险厌恶水平,从而引发利差交易者平仓。因此,不同于以往文献利用两国利差作为利差交易行为的代理变量,本研究利用市场恐慌情绪指标的表征 VIX 指数,从风险的角度来刻画利差交易的强弱。

此外,对远期溢价之谜的实证分析实际上包含了两类机制的转换——UIP 成立或远期溢价之谜存在(Baillie 和 Change,2011),因此,可以用马尔科夫机制转换模型来进行实证研究。本研究将机制转换模型的转换概率设置成关于 VIX 的函数,以此考察利差交易行为与远期溢价之谜的关系。

7.1 文献回顾

早期的文献关于远期溢价之谜的解释主要集中在三个方面:一是交易成本,主张远期汇率对未来即期汇率的偏移是由资本管理或市场摩擦所带来的;二是风险溢价,认为远期汇率的偏移可能是投资者厌恶风险而需要的收益补偿导致;三是市场的理性程度,认为这种偏移是与投资者的预期变化有关(孙立坚,2003)。此外,还有一些文献从其他角度加以解释,如 Bansel 和 Dahlquist(1999)发现远期溢价之谜仅存在于发达国家。Roll 和 Yan(2000)认为,模型采用的时间序列的非平稳性导致了远期溢价之谜。Chinn 和 Meredith(2004)认为远期溢价之谜仅是一个短期现象。Zhou 等(2005)认为远期溢价是否存在主要依赖于采样周期。但是这些研究并没有达成明确且一致的结论。国内学者也对远期溢价之谜作出了有益的探讨。陈蓉和郑振龙(2009)发现 2006—2008 年的远期汇率定价偏差是结构突变的非平稳序列,主要受预期和外汇风险溢价的影响,美元兑人民币远期外汇市场上的利率平价并不成立。李小平等(2010)认为远期汇率偏移的原因在于风险溢价,考察了宏观因素对风险溢价的影响并推广到不同到期期限。吴蕾和文占雅(2017)研究了中国银行间外汇市场远期汇率的定价偏差,认为货币当局对即期市场的汇率波动限制和兑换监管会影响远期市场的定价机制,从而无抵补利率平价和抵补利率平价在中国外汇市场并不成立。

Galati 和 Melvin(2004)指出,在 UIP 成立的条件下,由于利差获利被汇率变化所抵消,利差交易者并不能获得超额收益。Burnside 等(2006,2011)和 Darvas(2008)也指出,由于 UIP 偏离的存在,利差交易策略才得以盈利。以上对利差交易者行为特征的研究也促使学者开始探讨利差交易对远期溢价之谜的解释。Baillie 和 Kilic(2006)利用 Logistic 平滑转换回归(LSTR)模型研究了汇率预期变化与远期溢价之间的非线性关系,发现两者之间存在两种机制:一种机制遵循 UIP 关系,另一种机制表明远期溢价之谜存在。Baillie 和 Change(2011)在 Baillie 和 Kilic(2006)的基础上做了扩展,将利差交易策略作为转换变量加入 LSTR 模型,他们的研究发现,当两国利差加大,投资货币具有吸引力,但利差交易者的利润会随着规模的扩大而减少,这反而加速了 UIP 反转回复的速度,促使了远期溢价之谜的消失。Spronk 等(2013)通过模拟仿真表明,当两国之间利差足够大,利差交易对 UIP 回归检验有显著的影响,因此考虑利差交易者行为的异质交易者模型能够成功解释远期溢价之谜。Copeland 和 Lu(2016)虽然没有解释远期溢价之谜,但他们得出一个重要结论,即汇率波动是利差交易的关键状态变量,利差交易在低波动状态下是盈利的,高波动状态下投资者更倾向于基本面交易策略。总之,这些文献从利差交易者行为的视角,在解释远期溢价之谜方面具有较好的说服力。

然而,现有的文献主要利用两国利差作为刻画利差交易行为的控制(或代理)变量。金融危机之后,随着几轮量化宽松政策,各国之间利差套利空间被挤压,交易者可能更重视市场波动和情绪给利差交易带来的风险,因此,需要从新的视角寻找利差交易行为的控制(或代理)变量。借鉴 Brunnermeier 等(2008)的研究,由于市场波动率指数能反映全球资本市场波动和投资者恐慌情绪,本研究采用 VIX 指数作为利差交易行为的代理变量。此外,与 Baillie 和 Change(2011)采用 LSTR 模型刻画外汇市场机制转换不同的是,本研究认为恐慌情绪引起的市场状态的变化是突变过程。因此,本章采用马尔科夫机制转换模型来建模。

7.2　两阶段远期溢价回归模型

本章利用两阶段马尔科夫机制转换技术对远期溢价回归进行建模。马尔科夫机制转换模型的两个水平方程分别代表两种机制:如式(7-1)所示,当 $\alpha_i = 0$ 和 $\beta_i = 1$, UIP 成立;当 $\beta_i < 0$, 远期溢价之谜存在。

$$\Delta e_{t+1} = \alpha_i + \beta_i (f_t - e_t) + \varepsilon_{t+1}^i \quad \varepsilon_{t+1}^i \sim N(0, h_i) \quad i = s_t = 1, 2$$

$$(7-1)$$

其中, f_t 和 e_t 分别代表对数远期和即期汇率, $f_t - e_t$ 代表远期溢价, $\Delta e_{t+1} = e_{t+1} - e_t$。

假设状态变量 $s_t = 1$ 代表 UIP 成立, $s_t = 2$ 代表远期溢价之谜存在。两种机制的转换概率服从常数概率 p_{11} 和 p_{22} 的马尔科夫过程:

$$p(s_t = 1 | s_{t-1} = 1) = p_{11}, \ p(s_t = 2 | s_{t-1} = 2) = p_{22} \quad (7-2)$$

VIX 指数可以反映市场波动和恐慌情绪,进而影响利差交易者行为,因此我们选取 VIX 指数作为反映利差交易行为的代理变量。令 $z_t = \dfrac{(VIX-m)}{\sigma}$, 其中 m 和 σ 分别代表 VIX 的均值和标准差, z_t 代表均值-方差标准化处理后的 VIX 指数。假定两种机制之间的时变转换概率取决于市场波动和恐慌情绪的变化。用式子表示为:

$$p(s_t=1|s_{t-1}=1)=\Phi(\theta_1+\gamma_1 z_{t-1}) \quad p(s_t=2|s_{t-1}=2)=\Phi(\theta_2+\gamma_2 z_{t-1})$$

$$(7-3)$$

其中，Φ 是标准正态分布的累积分布函数。

根据前面的分析，当汇率波动较大，恐慌情绪严重，利差交易者因规避风险而选择平仓，利差交易者退出市场促使 UIP 反转；反之，远期溢价之谜存在，因此我们期望 γ_1 是正值而 γ_2 是负值。

样本分布的似然函数：

$$LLF=\sum_{t=1}^{T}\log\left[q(\Delta e_t \mid I_{t-1})\right]$$

$$(7-4)$$

其中，T 是观测样本的数量，$q(\Delta e_t \mid I_{t-1})$ 是在信息集 I_{t-1} 上的条件密度函数。

由式(7-1)得：

$$q(\Delta e_t \mid I_{t-1})=\sum_{j=1,2} f(\Delta e_t \mid s_t=j) \cdot p(s_t=j \mid I_{t-1}) \quad (7-5)$$

其中，

$$f(\Delta e_t \mid s_t=1)=f_N(\Delta e_t; \alpha_1+\beta_1(f_t-e_t), h_1)$$

$$f(\Delta e_t \mid s_t=2)=f_N(\Delta e_t; \alpha_2+\beta_2(f_t-e_t), h_2)$$

$f_N(x; \mu, h)$ 代表了均值和方差分别为 μ 和 h 的正态分布密度函数。状态变量 s_t 是不可观测的，事前概率 $p_{j,t}=p(s_t=j \mid I_{t-1})$ 可由滤波算法 (Hamilton，1989)得到。

7.3 实证分析

选取 VIX 指数周数据和澳元（AUD）、加元（CAD）、欧元（EUR）、英镑（GBP）分别兑美元（USD）和日元（JPY）的周数据，以及美元兑日元的即期和 3 月期远期汇率的周数据，所有数据均来自 Bloomberg 数据库，样本区间从 2002 年 11 月 1 日到 2017 年 4 月 14 日,共 755 个数据。

图 7-1 是样本期间内的 VIX 指数图。2003 年、2008 年、2010 年、2011 年和 2016 年前后,可谓是"多事之秋"。2003 年,美国发动伊拉克战争,相应地 VIX 指数也出现了急剧波动。2008 年 9 月 15 日,雷曼兄弟宣布破产,将全球金融危机推向顶峰,10 月 24 日,VIX 指数达到史上高点。2010 年欧债危机爆发,VIX 指数出现了明显上升。2011 年下半年,美国主权债务风险爆发的同时,欧洲主权债务危机不断蔓延和恶化,VIX 指数再次出现明显上升。2015 年 8 月,因美联储货币政策的不确定性加剧以及市场担忧中国经济进一步放缓,市场恐慌情绪蔓延,VIX 指数再度走高。2016 年 6 月和 11 月,由于英国公投退欧事件和美国总统大选,市场波动剧烈,VIX 指数也由历史低位拉升。

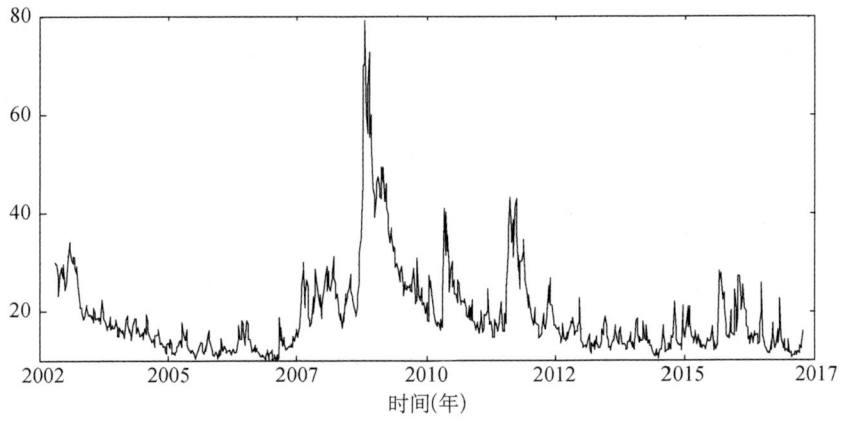

图 7-1　VIX 指数

表 7-1 是 9 组汇率的对数收益率和 VIX 指数的描述性统计。为了便于计算,本研究将所有对数收益率均做了扩大 100 倍的处理。表 7-1 显示,相比较而言,以日元为基础货币的汇率对数收益率在波动、偏度和峰度等指标方面均高于以美元为基础货币的汇率对数收益率。此外,所有的汇率对数收益率均有尖峰厚尾特征。JB 检验也证实了这一点。VIX 指数均值为 19.16,标准差为 8.97,说明波动剧烈,峰度和 JB 检验表明其具有尖峰厚尾特征。

表 7-1　汇率对数收益率的统计描述

	均值	标准差	偏度	峰度	JB 值
EUR/USD	0.0112	1.38	−0.3513	4.16	58
EUR/JPY	−0.0067	1.67	−1.02	9.41	1 424
GBP/USD	−0.0283	1.34	−0.6603	6.32	401
GBP/JPY	−0.0461	1.85	−1.22	11.39	2 402
USD/CAD	−0.0215	1.31	0.6931	7.06	580
CAD/JPY	0.0040	1.95	−1.05	10.71	2 006
AUD/USD	0.0411	1.85	−1.64	17.85	7 275
AUD/JPY	0.0232	2.32	−1.96	20.90	10 564
USD/JPY	−0.0179	1.44	−0.2827	4.27	61
VIX	19.16	8.97	2.58	12.57	3 728

将式(7-2)代表的常数概率的机制转换模型的参数作为时变概率机制转换模型参数的初始值,表 7-2 和表 7-3 分别代表了时变概率是 VIX 指数的函数时机制转换模型的参数估计结果。

表 7-2　时变概率的机制转换模型参数估计结果(USD 为基础货币)

参数	AUD/USD	USD/CAD	EUR/USD	GBP/USD	USD/JPY
机制 1					
α_1	0.5765 (0.6550)	−0.0045 (0.1408)	−0.2702** (0.1354)	−0.1690 (0.1679)	0.0493 (0.1991)
β_1	0.5861 (0.7893)	−0.4394 (0.7009)	−0.4087 (0.6479)	0.3578 (0.6357)	0.8880** (0.4112)
σ_1^2	7.82*** (0.4241)	3.46*** (0.2752)	3.03*** (0.2652)	3.16*** (0.2631)	3.32*** (0.3038)
机制 2					
α_2	−0.0082 (0.1371)	−0.0208 (0.0477)	0.2687*** (0.0804)	0.0303 (0.0569)	0.0643 (0.1087)
β_2	−0.0440 (0.1964)	0.2453 (0.2321)	−0.4572* (0.2643)	−0.1744 (0.1627)	−0.2289 (0.1656)

（续表）

参数	AUD/USD	USD/CAD	EUR/USD	GBP/USD	USD/JPY
σ_2^2	1.67*** (0.1154)	0.9629*** (0.0653)	0.9529*** (0.1195)	1.22*** (0.0771)	0.9769*** (0.1206)
转换概率参数					
θ_1	0.9355*** (0.0000)	0.9698*** (0.0000)	0.6216*** (0.0000)	0.9552*** (0.0000)	0.6061*** (0.0000)
γ_1	0.0050 (0.0044)	0.0090 (0.0076)	0.5181 (0.4587)	0.0044 (0.0059)	0.0425 (0.1758)
θ_2	0.9919*** (0.0000)	0.9877*** (0.0000)	0.6736*** (0.0000)	0.9963*** (0.0000)	0.7036*** (0.0000)
γ_2	−0.1140 (0.0741)	−0.3396 (0.7657)	−1.43*** (0.5428)	−0.6427 (19.12)	−1.27*** (0.3519)
	—	—	—	—	—
L	1 450	1 210	1 290	1 260	1 320
$t_{\beta_1=1}$	−0.5244	−2.05	−2.17	−1.01	−0.2724
Wald	0.0130	0.9352	0.6043	0.1586	0.0012

注：括号里数值代表标准误差；*，**，*** 分别代表了 10%，5%，1%的显著性水平。

表7-3 时变概率的机制转换模型参数估计结果（**JPY** 为基础货币）

参数	AUD/JPY	CAD/JPY	EUR/JPY	GBP/JPY
机制1				
α_1	1.70** (0.8654)	0.2349 (0.3055)	0.1193 (0.2312)	0.0272 (0.2768)
β_1	1.69** (0.7373)	1.04* (0.6201)	1.03** (0.4831)	0.7916* (0.4212)
σ_1^2	11.93*** (0.6092)	7.66*** (0.4521)	5.13*** (0.3944)	6.90*** (0.4598)
机制2				
α_2	−0.3498 (0.2149)	−0.1044 (0.1421)	−0.0361 (0.0911)	0.0507 (0.0998)
β_2	−0.4538** (0.1991)	−0.4697* (0.2434)	−0.4707** (0.2260)	−0.1515 (0.1329)

（续表）

参数	AUD/JPY	CAD/JPY	EUR/JPY	GBP/JPY
σ_2^2	1.43*** (0.1256)	1.35*** (0.1342)	1.14*** (0.1324)	1.31*** (0.1243)
转换概率参数				
θ_1	0.9521*** (0.0000)	0.9415*** (0.0000)	0.6623*** (0.0000)	0.9779*** (0.0000)
γ_1	0.0082** (0.0037)	0.4743 (0.3038)	0.1409 (0.1944)	0.3866 (0.2976)
θ_2	0.9842*** (0.0000)	0.9775*** (0.0000)	0.9005*** (0.0000)	0.9950*** (0.0000)
γ_2	−0.0226*** (0.0029)	−2.05*** (0.3214)	−1.83*** (0.3828)	−2.38*** (0.3350)
	—	—	—	—
L	1 570	1 500	1 400	1 450
$t_{\beta_1=1}$	0.9316	0.0647	0.0582	−0.4948
Wald	3.24	0.0079	0.0011	0.005

注释：括号里数值代表标准误差；*，**，***分别代表了10%，5%，1%的显著性水平。

为了检验表7-2和表7-3中机制1是否代表UIP成立，本研究对其进行了Wald检验，其原假设为$\alpha_1=0$和$\beta_1=1$。表7-2和表7-3显示，针对所有汇率，机制1的Wald检验统计量均小于$\chi^2_{0.95}(2)=5.99$，并没有拒绝原假设，说明在机制1中，UIP是成立的。进一步地，本研究对机制1的回归系数做了原假设为$\beta_1=1$的t检验，除了USD/CAD和EUR/USD的t统计量在5%的显著水平下拒绝原假设，其他汇率的t检验均没有拒绝原假设，即回归系数β_1并没有显著异于1，与UIP仍是一致的。

同时，除了USD/CAD汇率之外，机制2中其他汇率的回归系数β_2均为负，这是远期溢价之谜存在的有力证据。对于EUR/USD汇率，两种机制的回归系数均为负，说明样本区间内远期溢价之谜始终存在，主要原因可能在于欧盟的经济规模大，欧元汇率的波动平稳，且流动性较高，因此作为利差交易货币吸引力大。

γ_1 和 γ_2 的符号反映了市场波动和恐慌情绪对转换概率的影响。九组汇率的转换概率参数 γ_1 均为正，γ_2 均为负，与研究预期相吻合。这意味着随着市场波动加剧，恐慌情绪加重，利差交易者选择平仓避险，促使市场回复 UIP 均衡，即外汇市场由原有状态向机制 1 转换；反之，当波动减小，市场情绪稳定，利差交易者纷纷进入市场，借入低利率货币、投资高利率货币和资产，这种利差交易行为造成了 UIP 偏离，远期溢价之谜出现，即外汇市场由原有状态向机制 2 转换。

图 7-2 显示了九组汇率对应的机制转换模型的滤波概率图。图 7-2 显示，当转换概率是 VIX 指数的函数时，UIP 均衡明显存在于 2008 年前后的 VIX 指数剧烈波动时期，这一时期由于受金融危机的影响，市场恐慌情绪浓

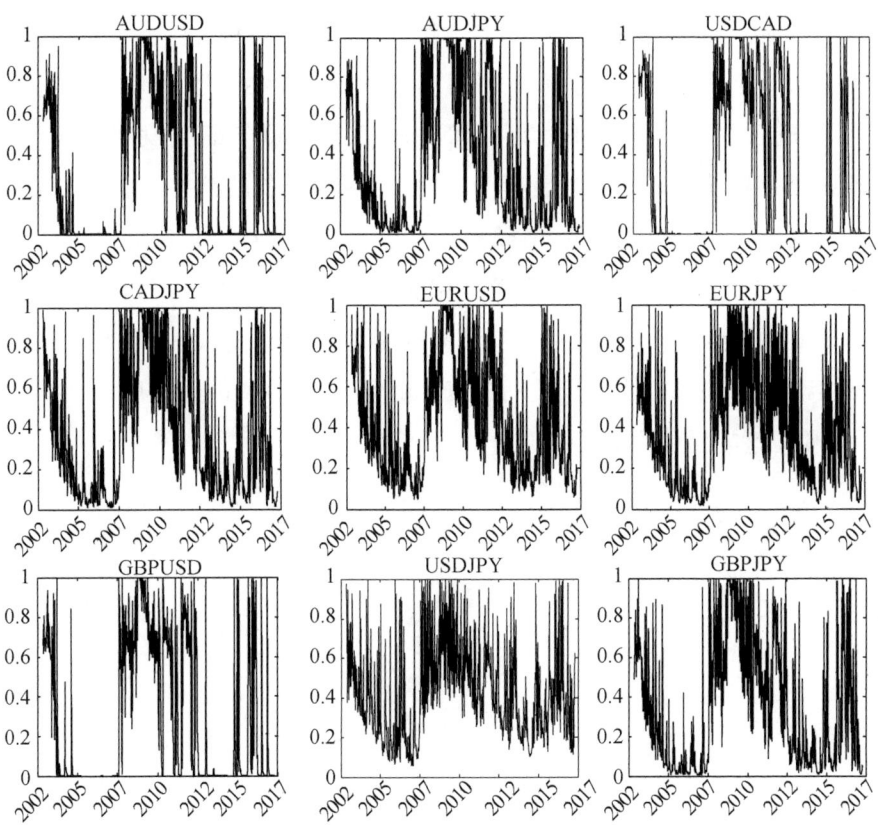

图 7-2　UIP 机制的滤波概率

厚,利差交易者出于避险情绪选择平仓,促使市场回复 UIP 均衡状态。另外,在 2003 年、2010 年、2011 年和 2016 年前后,受伊拉克战争爆发、欧债危机和英国脱欧等政治和经济事件的影响,市场也出现了恐慌情绪,从而短暂回复 UIP 均衡状态。而在样本区间内的其他时段,市场波动和恐慌情绪相对平稳,外汇市场处于利差交易的全盛时期,因此远期溢价之谜始终存在。

7.4　本章小结

本章从利差交易行为的视角解释了远期溢价之谜。当市场利差套利空间缩小,利差交易者对于风险的态度更为敏感,因此,市场波动平稳可能是市场存在远期溢价之谜的主因。本章利用马尔科夫机制转换模型对汇率未来变动和远期溢价之间的关系进行建模,发现市场存在两种机制:一种机制下 UIP 成立,另一种机制下远期溢价之谜存在。同时,研究发现市场波动和恐慌情绪影响了利差交易者行为,进而对两种机制的存在与转换有较强的影响:当市场波动剧烈,情绪恐慌,如在 2003 年、2008 年、2010 年、2011 年和 2016 年前后,由于受伊拉克战争爆发、金融危机、欧债危机和英国脱欧等政治和经济事件的影响,利差交易者纷纷平仓,退出市场,市场回复均衡,UIP 成立;而当市场波动趋于平稳,利差交易者进入市场,造成 UIP 偏离,使得远期溢价之谜存在。

第八章　远期外汇市场的汇率微观决定理论模型

一国汇率的变动受到诸多因素的影响，既包括宏观经济因素，也包括微观的外汇市场交易者行为。对汇率波动的解释是近几年汇率理论的热门话题。

无本金交割远期（non-deliverable forwards，NDF）是一种场外交易外汇衍生产品，主要适用于实行外汇管制国家的货币。由于中国实行外汇管制，境内远期外汇市场的发展受到一定的限制，缺乏外汇市场的避险或投机工具。人民币境外 NDF 的产生为国外投资机构或个人提供了对冲汇率波动风险及投资的离岸机制。自 2010 年人民银行宣布在 2005 年汇改的基础上进一步推进人民币汇率形成机制改革之后，随着人民币汇率弹性增强和国际市场对人民币强烈的升值预期，人民币 NDF 市场交投活跃，境外机构和个人亟需利用人民币远期交易对冲汇率风险或实行投机活动，反映出市场对汇率风险管理和汇率产品投资管理的迫切需求，对相关汇率理论，尤其是人民币远期汇率的决定和波动，以及外汇风险管理等理论的发展提出了客观要求。

本章以 2005 年 7 月 21 日至 2011 年 3 月 25 日的 1 年期和 2 年期人民币 NDF 汇率为例，图 8-1 显示了 NDF 汇率的变动。研究发现，NDF 汇率表现出了明显的波动聚集现象，尤其是 2 年期 NDF 汇率，波动剧烈，波动异常值较多。根据一般的远期外汇交易的期限特点[1]，以及人民币 NDF 汇率

---

① 2010 年 6 月，国际清算银行（BIS）全球外汇衍生品名义交易量的统计显示，在全球的外汇远期和互换的交易中，1 年期及以下品种的交易量占总交易量的比重超过 75%，这说明了到期日在 1 年以内的外汇远期合约的流动性要大大高于到期期限超过 1 年的外汇远期合约。

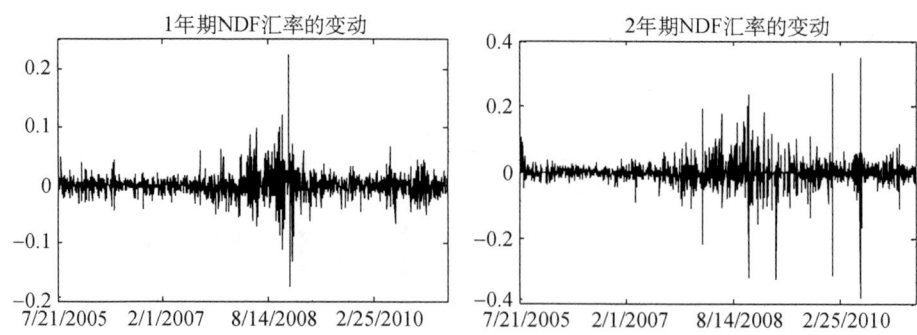

图 8-1　1 年和 2 年期人民币 NDF 汇率的变动图

资料来源：Bloomberg 数据库。

的定价机制①，远期汇率的过度波动可能是市场交易行为的结果。由此进一步引出的值得思考和关注的问题有：人民币汇率制度的弹性增强之后，从外汇市场微观结构的角度来看，远期外汇市场交易者的市场行为特征如何，以及他们的行为将会如何影响远期汇率的变化和波动；市场交易行为视角下的远期汇率波动将会呈现什么新特征。

为了解决上述问题，本章在以往文献研究的基础上，将异质交易者行为和远期汇率波动相结合进行研究。引入异质交易者—理性交易者和噪声交易者，构建了远期汇率决定模型，并分析了均衡状态下的远期汇率波动曲线特征。基于此模型，利用曲线拟合方法，实证研究了汇改后人民币 NDF 汇率波动与升贴水预期之间的关系，以此对理论模型加以验证。显然，从市场交易者异质性的角度来探讨远期汇率波动的形成机理及特征，有助于提高对现实远期汇率波动的解释和预测能力，发现异常波动，指导理性投资，从而对外汇市场参与者的投资决策提供有益的参考。

---

　　① NDF 的价格形成机制与传统的远期交易不同。由于人民币实行汇率管制以及人民币不可自由兑换，离岸市场上很难进行人民币兑换和拆借，人民币 NDF 汇率主要由海外市场对人民币汇率的预期决定。

8.1 汇率波动与异质交易者行为的最新发展

对汇率波动的研究主要集中在即期市场,自从传统的宏观模型难以解释外汇市场的一些异象,如"波动与基本面无关之谜"和过度波动等,许多学者开始从异质交易行为的角度研究汇率的波动,并形成了多个流派。

以 Lyons(1995)和 Evans 和 Lyons(2002)"指令流"研究为代表的微观市场结构理论,关注信息在外汇市场中如何传播和处理,以及最终如何反映到汇率的波动上。国内学者丁剑平等(2006)也在这方面作了有益的探讨,其理论有力地解释了汇率高波动的特征,但其忽略了宏观基本面的分析。以 Protin 等(2004)、De Grauwe 和 Dewachter(1993)、De Grauwe 和 Grimaldi(2005)、Bauer 等(2009)为代表的基于异质信念的汇率决定理论,认为异质预期是外汇市场的典型事实,应关注外汇市场交易者的异质性预期的行为特征、相互作用和交互式的学习过程对汇率的影响。国内学者李晓峰等(2009,2010)、丁志杰等(2009)、张维和张永杰(2006)、陆静等(2011)分别对外汇市场和股票市场的异质预期作了深入的研究,其理论既包含了微观个人行为因素,又不脱离宏观基本面分析方法,对现实的汇率波动具有更强的解释和预测能力,但缺陷在于市场的异质预期难以度量。以 Jeanne 和 Rose(2002)、Bauer 和 Herz(2004,2005)和 Olivier(2009)为代表的基于行为金融的汇率决定理论,建立了包含理性交易者和噪声交易者等在内的汇率决定模型,分析了噪声交易者的进入对浮动汇率制度下的汇率波动的影响。该理论对外汇市场的诸多异象,特别是"波动与基本面无关之谜"等有较好的解释能力,但对于外汇市场不同类型的异质交易者数量难以观察和计算。目前,国内鲜有文献将噪声交易者行为引入远期外汇市场。

近期关于噪声交易行为与汇率波动的重要文献有:Bauer 和 Herz(2001)建立了包含理性交易者和噪声交易者在内的汇率决定模型,分析表明,噪声交易者的进入使得浮动汇率制度下的汇率出现过度波动。Jeanne

和 Rose(2002)的研究结果表明,外汇政策可以通过影响市场异质交易者的组成来实现目标,而并非仅通过传统的货币政策传导机制。Bauer 和 Herz(2004,2005)、Olivier(2009)在 Jeanne 和 Rose(2002)的框架下,分别研究了外汇政策和货币政策、进入成本和交易成本对汇率及其波动的影响。Xu Juanyi(2010)将异质交易者行为引入粘性价格一般均衡模型中,构建了新的汇率决定模型。这些文献从异质交易行为的角度,为浮动汇率制度下即期汇率的过度波动提供了合理的解释,但是并没有涉及远期市场,更没有针对噪声交易者对远期市场汇率波动的影响展开分析。

8.2 理论模型

行为金融理论认为,以有效市场假说为前提的远期汇率决定理论所基于的理性套利行为是有限的,造成套利不能充分进行的原因之一是噪声交易者风险,即由于市场上存在的噪声交易对未来资产需求的不可预知性,噪声交易者的非理性交易行为在一定程度上使得远期汇率定价的实际水平偏离了理论值(卢明、王国林,2006)。相关文献显示噪声交易者在充分套利的市场上(如欧洲货币市场)也是难以被彻底驱逐的(安德瑞,2003),在中国现今不完善的远期外汇市场上,噪声交易者存在是合理的。

因此,本节先假定远期外汇市场存在着两类异质性交易者,即理性交易者和噪声交易者,由此构建异质视角下的远期汇率决定理论模型,并进一步得到多重均衡状态下的汇率波动及其特征。

8.2.1 远期外汇市场的微观结构

假设远期外汇市场有两类参与者:理性交易者和噪声交易者,不考虑交易成本,但噪声交易者有进入成本。对于参与者的效用函数,用微观结构理论普遍使用的负指数效用函数。其定义如下:

$$U(R) = -\exp(-\gamma R) \tag{8-1}$$

其中，R 表示收益，γ 表示参与者的风险厌恶系数。

噪声交易者风险等因素导致市场套利不够充分，因此外汇市场始终存在套利机会，这意味着现实的远期汇率与利率平价公式得到的远期汇率之间存在定价偏差。假设该偏差表示为：

$$\rho_{t+1} = f_{t+1} - f_{t+1}^* = f_{t+1} - (s_t + r_{t+1} - r_{t+1}^*) \tag{8-2}$$

其中，i_{t+1} 和 i_{t+1}^* 分别是代表 $t+1$ 时刻本国和国外的即期利率，且 $r_{t+1} = \ln(1+i_{t+1})$，$r_{t+1}^* = \ln(1+i_{t+1}^*)$，$s_t$ 为 t 时刻直接标价法下的即期汇率的自然对数，f_{t+1} 为 t 时刻签订的 $t+1$ 时刻到期的远期汇率的自然对数，f_{t+1}^* 为由抵补利率平价得到的理论汇率，即 $f_{t+1}^* = s_t + r_{t+1} - r_{t+1}^*$。

理性交易者正是基于对两国利差等基本面的判断，利用利率平价的偏差获得过度收益，同时，他们对期望过度收益有较为正确的认识：

$$E_{i,t}(\rho_{t+1}) = E_t(\rho_{t+1}) \tag{8-3}$$

根据行为金融理论，由于存在信息不足或技术手段的限制，噪声交易者在理解复杂的外部世界时，并不具有完美的认知能力，而是存在着一个认知误差和时间滞后的效应。同时，噪声交易者在决定是否进入远期市场之前，出于对未来套利空间的判断和对未来收益的技术性分析，他们对未来升贴水趋势会有一个预期，可能根据前一期的升贴水趋势来预测未来的升贴水趋势。

因此，假设噪声交易者的期望过度收益具有有偏、滞后的特征，存在预测误差 v_t，并且对升贴水预期采用推断预期的方式[1]，即根据以往升贴水的趋势来预测未来的升贴水趋势：

$$E_{i,t}(\rho_{t+1}) = E_{t-1}(\rho_{t+1}) + \theta_t(f_t - s_{t-1}) + v_t \tag{8-4}$$

首先，关于噪声交易者对未来升贴水预期的讨论，当噪声交易者于 t 期

---

① 参阅 Allen 和 Taylor(1990)，他们将外汇市场的异质预期归纳为推断式预期、回归式预期和适应性预期三种类型，本文对汇率升贴水预期借鉴了推断式预期的方式。

对 $t+1$ 期的汇率升贴水的预测信息集为截至 $t-1$ 期的汇率升贴水的有关信息,噪声交易者可能预期现实汇率升贴水将会延续以往的趋势,类似于市场交易者"追涨杀跌"的行为特征;或者与以往的趋势相反,类似于资产价格"反转"的行为特征。但也有大量的研究表明,远期汇率定价偏差有均值回复特征,因此我们还可以认为噪声交易者对升贴水的预期并不仅限于前一期的汇率升贴水信息,而是一段时间内的均值 $\bar{f}-\bar{s}$。

其次,与上述噪声交易者的升贴水预期相对应,θ_t 有多种假设:噪声交易者预期升贴水将会延续以往的趋势,此时 $\theta_t>0$;噪声交易者预期升贴水趋势会发生反转,此时 $\theta_t<0$。另外,在同一时刻,不同噪声交易者拥有不同的信息,而且在形成预期时会受到不同种类和不同程度的认知偏差的影响。因此,噪声交易者对升贴水的预期可能呈一定的分布类型,表现为 θ_t 可以是各种不同的分布,如正态分布等。

为了简化分析,本研究假设 $\theta_t=1$。

最后,本研究假设噪声交易者预测误差的波动与远期汇率本身的波动 v_f 成比例(Jeanne 和 Rose,2002;Bauer 和 Herz,2005):

$$v_v=\lambda\,v_f \qquad\qquad (8\text{-}5)$$

其中,$\lambda>0$。

8.2.2　远期外汇市场均衡条件

假定 c_i 是交易者 i 的进入成本,其中理性交易者进入成本为 0,$d_{i,t}$ 为 t 时刻签订的 $t+1$ 时刻到期的远期合约数量(以外币表示),则交易者抵补套利带来的过度收益为:

$$R_{i,t+1}=d_{i,t}\,\rho_{t+1}-c_i=d_{i,t}\big[f_{t+1}-s_t-(r_{t+1}-r^*_{t+1})\big]-c_i \quad (8\text{-}6)$$

其中,$\rho_{t+1}=f_{t+1}-s_t-(r_{t+1}-r^*_{t+1})$ 是交易者 i 的过度收益,以本币计价。

外汇市场交易者的目的是在控制风险的前提下实现期望效用的最大

化。假设交易者的期望效用函数为：

$$U_{i,t}(R_{i,t+1}) = E_{i,t}(R_{i,t+1}) - \frac{1}{2}\gamma_i Var_{i,t}(R_{i,t+1}) \qquad (8-7)$$

也就是说，交易者的预期效用与其所获得的过度收益 $R_{i,t+1}$ 成正比，与相应的以过度收益的方差 $v_{i,t}(R_{i,t+1})$ 为代表的风险成反比。其中，γ_i 为交易者 i 的风险厌恶系数。将式(8-6)代入式(8-7)，整理化简，并对 $d_{i,t}$ 求一阶偏导并等于零。可以得到各交易者用于抵补套利的最优远期外汇合约数量为：

$$d_{i,t} = \frac{E_{i,t}(\rho_{t+1})}{\gamma_i Var_{i,t}(\rho_{t+1})} \qquad (8-8)$$

假设以交易者进入市场的比例代表不同类型交易者的数量，即理性交易者市场比例为 N_I，且 $0 \leqslant N_I \leqslant 1$，噪声交易者市场比例为 n_t，且 $0 \leqslant n_t \leqslant 1-N_I$。另外，为了简化分析，假设理性交易者和噪声交易者的风险厌恶程度相同，即 $\gamma_i = \gamma$。

理性交易者进入市场没有成本限制，因此市场均衡时他们总是进入市场。当市场没有进入成本，噪声交易者完全进入市场，将市场交易者对远期外汇合约的需求加总，即可得远期外汇合约总需求：

$$D_t = \frac{E_t(\rho_{t+1})N_I + [E_{t-1}(\rho_{t+1}) + \theta_t(f_t - s_{t-1}) + v_t](1-N_I)}{\gamma v_f}$$

$$(8-9)$$

当市场有进入成本，假设 $\varphi_{i,t}$ 是噪声交易者 i 进入外汇市场的代理变量，当 $\varphi_{i,t}=1$，噪声交易者进入远期外汇市场；当 $\varphi_{i,t}=0$，噪声交易者不进入外汇市场。在 t 时刻，噪声交易者进入远期外汇市场，当且仅当进入的期望效用不低于不进入的期望效用，即：

$$E_{i,t}(U_{i,t}|\varphi_{i,t}=1) \geqslant E_{i,t}(U_{i,t}|\varphi_{i,t}=0) \qquad (8-10)$$

由此得到噪声交易者进入市场的条件，推导过程见本章附录中"噪声交易的成本分析"：

$$c_i \leqslant \frac{[E_{i,t}^N(\rho_{t+1})]^2}{2\gamma_i Var_{i,t}(\rho_{t+1})} \equiv c^* \qquad (8-11)$$

由式(8-11)可知：当 $c_i \leqslant c^*$，$\varphi_{i,t}=1$；$c_i > c^*$，$\varphi_{i,t}=0$。

将各市场交易者对远期外汇合约的需求加总，即可得到远期外汇合约总需求，用公式表示如下：

$$D_t = \frac{E_t(\rho_{t+1})N_I + (E_{t-1}(\rho_{t+1}) + \theta_t(f_t - s_{t-1}) + v_t)n_t}{\gamma v_f} \quad (8\text{-}12)$$

最终远期外汇市场的出清条件为远期外汇合约总需求等于总供给，即：

$$Z_t = D_t \quad (8\text{-}13)$$

远期外汇合约总供给 Z_t 主要来源于两个方面：一是进出口商出于套期保值者目的签订的远期外汇合约；二是来自央行干预的远期外汇供给，即央行为了解决商业银行远期货币头寸失衡问题而与商业银行签订的远期合约。

由本章附录中"远期汇率波动的分解"可知，存在噪声交易者的远期外汇市场波动为：

$$v_{f,t} = \left(\frac{n_t}{N_I}\right)^2 \lambda v_{f,t} + v_{\Delta r,t} + v_{s,t} \quad (8\text{-}14)$$

其中，$\Delta r_t = r_{t+1} - r_{t+1}^*$，代表两国利差，$v_{\Delta r,t}$，$v_{s,t}$ 分别代表两国利差波动和即期汇率波动。

式(8-14)表明，远期汇率波动由噪声交易者波动、两国利差波动和即期汇率波动组成，并且随着噪声交易者数量的增加而增大，说明噪声交易者的随机行为增加了远期汇率的过度波动。

结合远期外汇市场出清条件和远期汇率波动的公式，本研究得到存在噪声交易者的远期外汇市场的最终均衡条件，推导过程详见本章附录中"远期外汇市场均衡条件的推导"。条件表示如下：

$$\bar{c} \leqslant \frac{\lambda\left[\gamma v_f \bar{D}/N_I + \theta_t(f_t - s_{t-1})\right]^2}{2\gamma\left(\sqrt{\lambda v_{f,t}} + \sqrt{v_{f,t} - v_{\Delta r,t} - v_{s,t}}\right)^2} + \frac{\lambda}{2\gamma} \quad (8\text{-}15)$$

不等式(8-15)的左边代表噪声交易者的平均进入成本，右边代表交易者进行抵补套利所得的平均过度收益。当所有噪声交易者的进入成本大于过度收益，噪声交易者不进入远期市场；当部分噪声交易者的进入成本小于过度收益,部分交易者进入远期市场;当所有噪声交易者的进入成本小于过度收益,噪声交易者完全进入市场。

相应地,根据噪声交易者的进入情况,可以得到远期汇率波动的三种均衡状态:

(1) 当市场没有噪声交易者进入,$v_{f,t} = v_{\min} = v_{\Delta r,t} + v_{s,t}$。

(2) 当部分交易者进入,$v_{\min} < v_{f,t} < v_{\max} = (v_{\Delta r,t} + v_{s,t}) \Big/ \Big[1 - \lambda \Big(\dfrac{1}{N_I} - 1 \Big)^2 \Big]$。

(3) 当噪声交易者全部进入,$v_{f,t} = v_{\max}$。

8.2.3　均衡状态下的远期汇率波动曲线特征

进一步地,根据不等式(8-15)可以得到均衡状态下远期汇率波动的曲线特征。即:

$$\bar{c} = \frac{\lambda \left[\gamma v_f \bar{D} / N_I + \theta_t (f_t - s_{t-1}) \right]^2}{2\gamma \left(\sqrt{\lambda v_{f,t}} + \sqrt{v_{f,t} - v_{\Delta r,t} - v_{s,t}} \right)^2} + \frac{\lambda}{2\gamma} \tag{8-16}$$

其中,$v_{f,t} \in (v_{\min}, v_{\max})$。

将式(8-16)变形,可以得到:

$$\theta_t (f_t - s_{t-1}) = -\frac{\gamma v_f \bar{D}}{N_I} \pm \sqrt{\left(\frac{2\gamma c}{\lambda - 1} \right)} \left(\sqrt{\lambda v_{f,t}} + \sqrt{v_{f,t} - v_{\Delta r,t} - v_{s,t}} \right)$$

$$\tag{8-17}$$

其中,$v_{f,t} \in (v_{\min}, v_{\max})$。

式(8-17)表明,远期汇率波动与升贴水预期之间存在函数关系,反映在图形上,表现出“U”型曲线的特征,如图 8-2 所示。当升贴水趋势非常小,且 $\theta > 0$,如式(8-15)所示,噪声交易者进入远期市场的过度收益小于平均成本,因此噪声交易者不进入远期市场,从而波动最小;当升贴水趋势逐步增大,相对于进入成本,噪声交易者进入远期市场可获得过度收益,此时噪声交易者倾向于进入远期市场,随着进入程度逐步加深,远期汇率波动加大;当升贴水趋势足够大,噪声交易者完全进入,远期汇率波动达到最大。

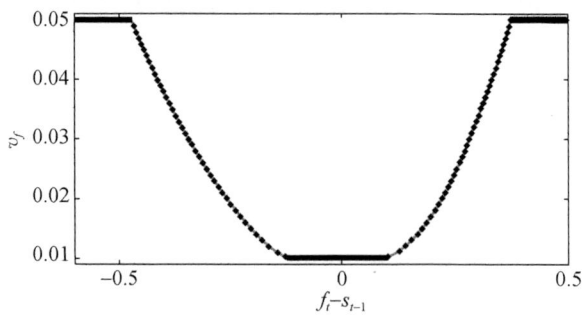

图 8-2　远期汇率波动曲线图

$\gamma=0.1$, $\lambda=0.8$, $c=8$, $D=5$, $N_I=0.5$, $v_{\min}=0.01$, $v_{\max}=0.05$

　　当参数变化时,远期波动曲线形状随之变化。如图 8-3 所示,曲线由"U"型变成偏"U"型,其经济意义在于:相对于同样的进入成本,在直接标价法下,本币升水预期下的噪声交易者能获得更大的过度收益。因此噪声交易者更倾向于本币升水预期时进入,此时本币升水预期时的远期汇率波动大于贴水时的远期汇率波动,曲线变得不对称。

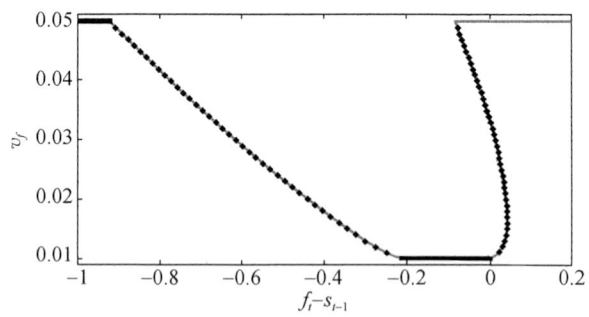

图 8-3　远期汇率波动曲线图

$\gamma=0.1$, $\lambda=0.8$, $c=8$, $D=5$, $N_I=0.5$, $v_{\min}=0.01$, $v_{\max}=0.05$

　　式(8-17)显示,不同的参数影响了远期汇率波动曲线的变化,而不同的参数又反映了宏观基本面或微观市场的变化,因此,下面就参数变化对远期汇率波动曲线的影响展开讨论。

首先,进入成本 c 与远期汇率波动呈反向关系。由式(8-15)知,当 $\bar{c} \leqslant \lambda/2\gamma$,噪声交易者的过度收益始终大于平均成本,因此噪声交易者完全进入,远期汇率波动达到最大。当 $\bar{c} > \lambda/2\gamma$,进入成本越大,噪声交易者进入数量越少,因此远期汇率波动减少;直至进入成本大于过度收益,噪声交易者退出市场,此时波动最小。

其次,$\bar{D}/N_I$ 与远期汇率波动呈反向关系。本研究把 $\bar{D}/N_I$ 定义为理性交易者的人均需求,反映了市场微观结构的变化。理性交易者人均需求增多,意味着市场需求由理性交易者驱动,处于避险目的,以抵补套利为手段的理性交易者增多,使得利率平价的偏离减少,意味着套利者不能获得更多的过度收益,因此噪声交易者进入市场的数量减少,导致远期汇率的波动随之下降。

最后,即期汇率和两国利差的波动($v_{\Delta r,t} + v_{s,t}$)可以看作宏观基本面的波动,与远期汇率波动呈正向关系。一方面,远期汇率波动随着宏观基本面波动而增大;另一方面,噪声交易者倾向于在波动中获利,因此进入市场的程度进一步加深,从而对远期汇率的波动有正反馈的作用,促使远期汇率波动进一步增大。

8.2.4　实证分析

(一) 数据选取与处理

为了检验远期汇率波动和升贴水预期之间的曲线关系,本章选择人民币 NDF 汇率的日收盘价格作为研究对象,远期汇率的到期期限分别是 1 个月、3 个月、6 个月、9 个月、1 年和 2 年。时间区间从 2005 年 7 月 21 日至 2011 年 3 月 25 日,每组序列共 1 482 个数据。所有数据来自彭博(Bloomberg)数据交易系统。

图 8-4 是 1 个月、3 个月、6 个月、9 个月、1 年和 2 年到期期限的远期汇

率走势图。自 2005 年汇率改革以来,人民币稳步升值,不同到期期限的人民币远期价格呈贴水状态,但到 2008 年 9 月底,由于金融危机的影响,不同到期期限的人民币远期价格出现升水,国际市场的人民币预期由升值转为贬值。直至 2009 年 3 月,人民币远期价格回复贴水状态。

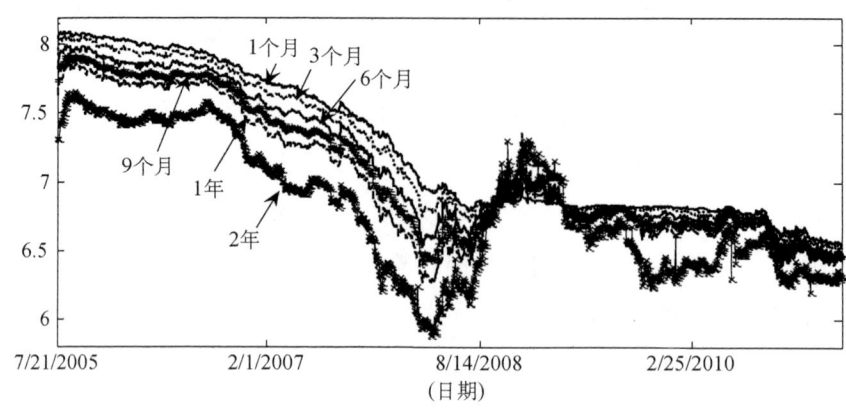

图 8-4　2005—2011 年不同到期期限人民币 NDF 汇率走势图

以 AR-GARCH 模型测算远期汇率的条件波动 v_f,以前一期的汇率升贴水 $f_t - s_{t-1}$ 代替对未来汇率升贴水的预期。表 8-1 给出了远期汇率条件波动的统计检验结果。

表 8-1　远期汇率条件波动的统计检验

序列	即期	1 月	3 月	6 月	9 月	1 年	2 年
均值	1.02E—06	1.40E—06	3.05E—06	5.68E—06	7.96E—06	9.36E—06	4.17E—05
标准差	9.25E—07	1.72E—06	5.37E—06	9.63E—06	1.42E—05	1.52E—05	6.88E—05
偏度	1.576226	3.567706	7.259967	4.665010	5.901527	4.763075	5.057341
峰度	5.846013	21.50636	80.35663	31.32281	50.65808	34.26245	40.33798
JB值	1112.327	24259.64	382017.4	54835.89	148654.0	65865.44	92279.95

表 8-1 的统计检验表明,人民币 NDF 汇率的波动具有尖峰厚尾的特征,并且不同到期期限的远期汇率波动的均值大于即期汇率的波动,与前面市场的交易行为造成了远期汇率波动加大的理论结论较为吻合。另外,随

着到期期限的增大,远期汇率波动的均值和标准差也随之增大。鉴于篇幅,图 8-5 和图 8-6 仅给出了颇具代表性的 1 年期和 2 年期人民币 NDF 汇率的波动曲线,表现了远期汇率的集聚性和连续性。在某些时段,例如2008 年金融危机期间,人民币远期汇率均出现了持续的波动。由于人民币NDF 汇率能够反映国际市场对人民币未来走势的预期,一旦市场形成对人民币的升贬值预期,这一趋势将会持续较长时间。

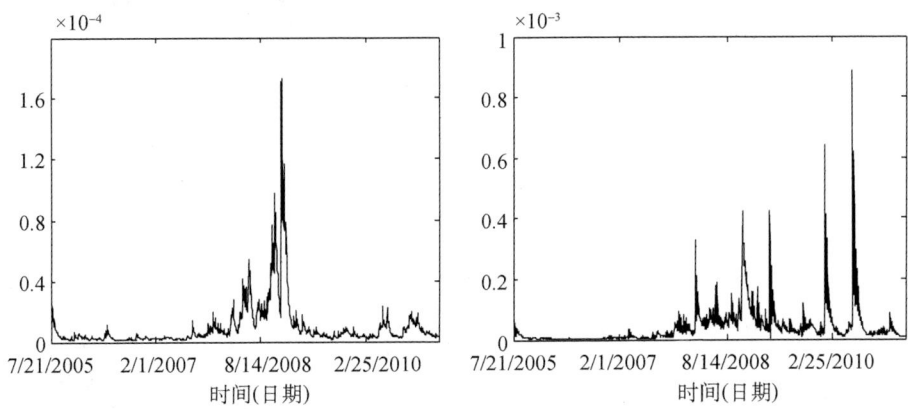

图 8-5　1 年期 NDF 汇率条件波动时序图　图 8-6　2 年期 NDF 汇率条件波动时序图

(二) 实证结果与分析

利用 Matlab 的曲线拟合工具箱,选用二次多项式拟合,得到不同到期期限的人民币 NDF 汇率的远期汇率波动图,如图 8-7 至图 8-12 所示。其中,横轴代表汇率升贴水预期,纵轴代表不同到期期限的远期汇率波动,散点代表真实的远期汇率波动,实线代表拟合的远期汇率波动曲线。

图 8-7 至图 8-12 显示,在样本区间内,1 个月、3 个月、6 个月、9 个月、1 年和 2 年期的 NDF 汇率均呈现了"U"型曲线的特征,但样本区间内的人民币价格大多数时候呈贴水状态,因此,不同到期期限的 NDF 汇率波动曲线只是表现了"U"型曲线的一部分。当升贴水预期较小时,远期汇率波动聚集在最小波动值附近;当升贴水预期较大,远期汇率波动开始上升。

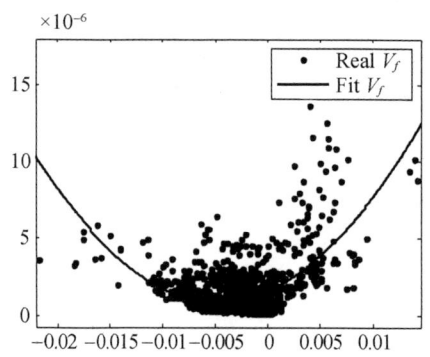

图 8-7　1 月期 NDF 汇率波动曲线拟合图

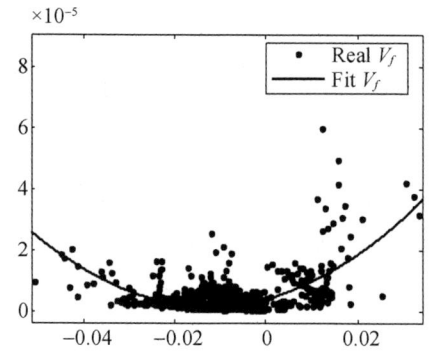

图 8-8　3 月期 NDF 汇率波动曲线拟合图

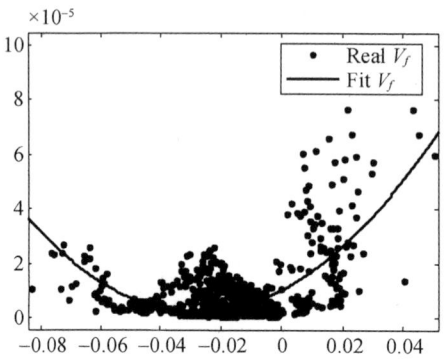

图 8-9　6 月期 NDF 汇率波动曲线拟合图

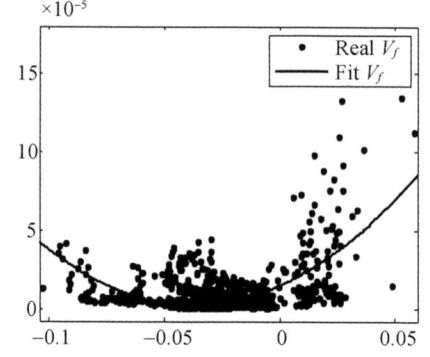

图 8-10　9 月期 NDF 汇率波动曲线拟合图

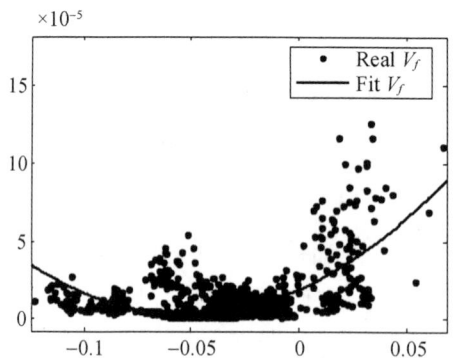

图 8-11　1 年期 NDF 汇率波动曲线拟合图

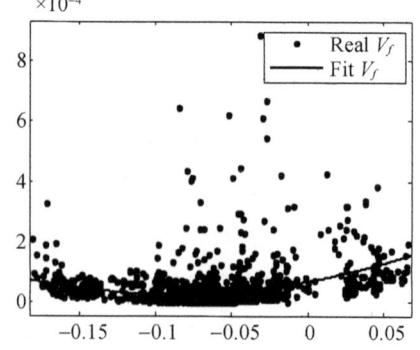

图 8-12　2 年期 NDF 汇率波动曲线拟合图

同时,在同样的升贴水程度下,人民币升水预期下的汇率波动大于贴水预期下的汇率波动,曲线呈现出不对称的特征。究其原因,由于样本期间内美国与中国利差为负,当人民币预期贴水,由式(8-2)至式(8-4)知,交易者过度收益为负,噪声交易者不倾向于进入远期市场;反之,当人民币预期升水,升水抵消了负的利差,使得过度收益为正。因此,人民币升水预期下的噪声交易者能获得更大的过度收益,这诱使套利者尤其是噪声交易者进入远期外汇市场,进一步加剧了远期汇率的波动。另外,人民币 NDF 汇率波动的不对称性也表明了人民币对导致贬值的相关信息反应剧烈;反之,对导致升值的相关信息反应较小。

此外,人民币 NDF 汇率波动显示了一些期限特征。越远期的到期期限的汇率波动曲线的开口越大,"U"型曲线更为平坦。究其原因,一方面,升贴水程度会随着到期期限的增加而增加(见图 8-4);另一方面,到期期限越长,信息越不确定,不同类型的交易者对远期汇率的预期判断分歧越大,尤其对噪声交易者的进入有一定的影响,从而导致越远期的到期期限的汇率波动剧烈但频率分散,曲线呈现出如上特征。

表 8-2 报告了不同到期期限远期汇率的条件波动的拟合精度,其中不同到期期限的远期汇率波动曲线拟合的误差平方和和均方根误差较小,且随着到期期限的增加而增大,说明对越近期的到期期限的远期汇率波动的拟合精度越高。同时,调整自由度复相关系数表明,二次曲线拟合对 6 个月、9 个月和 1 年期的远期汇率波动拟合程度较高。

表 8-2　远期汇率条件波动的曲线拟合度

序列	1 月	3 月	6 月	9 月	1 年	2 年
SSE	2.99E—09	2.91E—08	8.11E—08	1.89E—07	2.00E—07	6.18E—06
R^2	0.3209	0.3172	0.4093	0.3630	0.4153	0.1169
Adjusted R^2	0.3200	0.3163	0.4085	0.3621	0.4145	0.1157
RMSE	1.42E—06	4.44E—06	7.41E—06	1.13E—05	1.16E—05	6.47E—05

注:SSE 代表误差平方和,R^2 代表可决系数,Adjusted R^2 代表调整后的可决系数,RMSE 代表均方根误差。

由于中国实行汇率管制以及人民币不可自由兑换,离岸市场较难进行人民币兑换与抵补,人民币汇率主要由国际市场的预期而定,现实中的NDF汇率波动势必与根据抵补套利理论发展的远期汇率波动有一定的偏差。并且,到期期限越长,其市场的信息因素越不确定,国际市场对人民币预期的分歧越大,因此,远期汇率波动剧烈但频率分散。这也是导致到期期限较长的远期汇率波动曲线的拟合精度不高的原因之一。

8.3　本章小结

目前,关于汇率决定理论的相关研究已不再局限于传统的宏观汇率模型,或停留于对汇率的走势的拟合和预测上,而是更多地注重外汇市场的交易行为对汇率变动的影响。为此,本章从异质交易者行为的视角出发,构建了包含理性交易者和噪声交易者等的远期汇率决定模型,对人民币远期汇率波动研究提供了借鉴经验。

研究结果表明:

第一,理论模型表明,远期汇率波动由噪声交易者波动、即期汇率和两国利差的波动组成。噪声交易者的进入改变了外汇市场的组成,引起了远期汇率的过度波动,并且噪声交易者进入程度决定了远期汇率波动的多重均衡状态。

第二,理论模型表明,在远期汇率波动和升贴水预期之间存在一个正的偏"U"型曲线关系,并且本币升水预期下的远期汇率波动大于贴水预期时的波动,说明噪声交易者更倾向于本币升水预期时进入。此外,进入成本、理性交易者的人均需求、即期汇率和两国利差波动通过影响噪声交易者的进入程度,进而影响远期汇率波动的曲线形状。以人民币NDF汇率为样本的实证研究对远期汇率波动曲线的形状、不对称性加以了证实,并且,远期汇率波动曲线呈现出了到期期限较长的远期汇率波动越剧烈但频率分散的期限特征。

　　第三,央行对外汇市场的干预主要集中在现汇市场,对远期市场干预的手段较少。但这并不意味着远期外汇市场干预不重要,有时央行会采取在即期和远期外汇市场共同干预的措施。例如,在发生危机时,投机攻击通常通过外汇衍生品市场进行,此时商业银行会积累大量的远期头寸,为了解决远期货币头寸失衡问题,商业银行要么与央行交易远期外汇合约,要么实行即期和远期结合的掉期交易。在即期市场,央行为了维持汇率不得不买入商业银行抛出的本币,同时会通过贴现窗口向商业银行提供资金,导致央行的外汇储备被大量消耗。而本章从异质交易者行为的角度为央行提供了另一种干预方式,即通过设置合适的进入成本来控制远期市场噪声交易者的进入程度,减少远期外汇市场噪声交易者的进入带给商业银行远期货币头寸的积累,同时也可以平滑远期汇率波动。

　　本研究的不足之处及进一步研究方向在于:一是本研究假设噪声交易者对未来升贴水的预期与前一期的升贴水有关,但实际上这种预期可能服从某种分布,因此本研究的模型对现实的解释还存有一定的局限性,有待进一步研究。二是本研究隐含着远期外汇合约供给外生的假设,现实外汇市场中供给可能是内生的。因此,在研究中还需要考虑央行、商业银行以及更多类型的异质交易者的行为。这些也是未来研究中需进一步考虑的问题。

本章附录

1. 噪声交易的成本分析

当且仅当式(8-10)成立,噪声交易者将进入外汇市场。假如噪声交易者不进入市场,期望效用为:

$$E_{i,t}(U_{i,t} \mid \phi_{i,t}=0)=0 \tag{8-18}$$

因此,由式(8-10)可得:

$$E_{i,t}\left\{\max_{d_{i,t}} E_{i,t}[d_{i,t}\rho_{t+1}-c_i]-\frac{\gamma_i}{2}Var_{i,t}[d_{i,t}\rho_{t+1}]\right\} \geqslant 0 \tag{8-19}$$

将式(8-8)代入不等式(8-19),得:

$$H_N\left[\gamma_i Var_{i,t}(\rho_{t+1})-\frac{c_i}{H_N}\right] \geqslant 0 \tag{8-20}$$

其中,

$$H_N=\frac{[E_{i,t}^N(\rho_{t+1})]^2}{2[\gamma_i Var_{i,t}(\rho_{t+1})]^2} \geqslant 0 \tag{8-21}$$

由此可得:

$$\phi_{i,t}=1 \Leftrightarrow \gamma_i Var_{i,t}(\rho_{t+1})-\frac{c_i}{H_N} \geqslant 0 \tag{8-22}$$

因此,可得到噪声交易者进入条件如下:

$$\phi_{i,t}=1 \Leftrightarrow c_i \leqslant \frac{[E_{i,t}^N(\rho_{t+1})]^2}{2\gamma_i Var_{i,t}(\rho_{t+1})} \tag{8-23}$$

2. 远期汇率波动的分解

将式(8-12)等式两边求均值,得:

$$E_{t-1}(D_t) = \frac{E_{t-1}(\rho_{t+1}) N_I + (E_{t-1}(\rho_{t+1}) + \theta_t (f_t - s_{t-1})) n_t}{\gamma v_f} \quad (8\text{-}24)$$

将式(8-12)与式(8-24)相减,代入式(8-2)得:

$$f_{t+1} - E_{t-1}(f_{t+1}) = -\frac{n_t}{N_I} v_t + s_t - E_{t-1}(s_t) + \Delta r_t - E_{t-1}(\Delta r_t) \quad (8\text{-}25)$$

其中,$\Delta r_t = r_{t+1}^* - r_{t+1}$。

将式(8-25)两边分别对 $t-1$ 时刻的信息集 F_{t-1} 取方差即得式(8-14)。

3. 远期外汇市场均衡条件的推导

令 $\bar{D} = E_{t-1}(D_t)$,变换(8-24)可得:

$$E_{t-1}(\rho_{t+1}) + \theta_t (f_t - s_{t-1}) = \frac{\gamma v_f \bar{D} + \theta_t N_I (f_t - s_{t-1})}{N_I + n_t} \quad (8\text{-}26)$$

由式(8-14)可得:

$$\frac{n_t}{N_I} = \sqrt{\frac{v_{f,t} - v_{\Delta r,t} - v_{s,t}}{\lambda v_{f,t}}} \quad (8\text{-}27)$$

将式(8-4)代入式(8-11),可得:

$$c_i \leqslant \frac{[E_{t-1}(\rho_{t+1}) + \theta_t (f_t - s_{t-1}) + v_t]^2}{2\gamma v_{f,t}} \quad (8\text{-}28)$$

将不等式(8-28)两边取均值,可得:

$$\bar{c} \leqslant \frac{[E_{t-1}(\rho_{t+1}) + \theta_t (f_t - s_{t-1})]^2 + E_{t-1}(v_t^2)}{2\gamma v_{f,t}} \quad (8\text{-}29)$$

由于 $\left[\dfrac{v_t}{(\sqrt{\lambda v_{f,t}})}\right]^2 \sim \chi^2(1)$, $E_{t-1}(v_t^2) = \lambda v_{f,t}$。

将式(8-26)和式(8-27)代入不等式(8-29)可得:

$$\bar{c} \leqslant \frac{\lambda [\gamma v_f \bar{D} / N_I + \theta_t (f_t - s_{t-1})]^2}{2\gamma (\sqrt{\lambda v_{f,t}} + \sqrt{v_{f,t} - v_{\Delta r,t} - v_{s,t}})^2} + \frac{\lambda}{2\gamma} \quad (8\text{-}30)$$

第九章　远期外汇市场的汇率 微观决定实证模型

在布雷顿森林体系崩溃后，外汇市场上汇率偏离基本面等诸多异象使传统的宏观汇率决定理论模型面临着极大的挑战，为了解决这一问题，研究者们一直致力于提出能够解释汇率变动异象和具有较好预测能力的汇率决定理论模型，出现了各种理论模型。其中异质交易者模型最早由 Frankel 和 Froot（1988）提出，目前已成为应用最广泛的汇率决定模型（参见 Ahrens 和 Reitz，2005；Dewachter 等，2011）。

基本面交易者和技术交易者（C&F）模型包括两类交易者——具有回复预期特征的基本面分析者和具有推断预期特征的技术分析者，当市场交易者倾向表现为技术分析者时，将预测汇率延续原有的变动趋势；而当市场交易者倾向表现为基本面分析者时，则预期汇率未来将会回归到基本面的汇率水平。Allen 和 Taylor（1990）、MacDonald 和 Marsh（1996）、Frenkel 等（2009）基于问卷调查所作的实证研究均证实在外汇市场上交易者存在异质性预期。Vigfusson（1997）、Ahrens 和 Reitz（2005）利用马尔科夫机制转换模型来拟合 C&F 模型，Vigfusson（1997）也认为机制转换模型是 C&F 模型的一个很好的近似。

在以往的文献中，C&F 模型广泛地应用于即期外汇市场。与以往文献不同的是，本研究将 C&F 模型引入远期外汇市场，即认为远期外汇市场也存在基本面分析者和技术分析者。当市场交易者表现为基本面分析者，则预期汇率会回归到平价汇率；当市场交易者表现为技术分析者，则预期汇率未来会延续原来的趋势。此外，本研究利用两机制的马尔科夫转换模型来研究远期外汇动态,其中两个机制分别为基本面交易者和技术交易者对未来汇率的预测。

本研究的数据样本区间从 1999 年 1 月至 2012 年 3 月,包括了 20 世纪后期的全球经济衰退,2008 年的金融危机和 2010 年的欧债危机,代表了不同的经济背景和市场条件,因此,这一时期的远期外汇市场是检验基本面交易者和技术交易者模型的最佳选择。

9.1 计量方法

Vigfusson(1997)、Ahrens 和 Reitz(2005)利用两机制马尔科夫转换模型对即期汇率建立了 C&F 模型。本章借鉴他们的研究,将重点放在远期外汇市场,对远期市场建立 C&F 模型。

令 f_t 和 e_t 代表远期和即期汇率,远期溢价 $\rho_t = f_t - e_t$,远期溢价的变动 $\Delta \rho_t = \rho_t - \rho_{t-1}$,则:

$$\Delta \rho_t = \begin{cases} \alpha_f + \varphi(\rho_{t-1} - \rho_{t-1}^*) + \varepsilon_t^f & \text{if } s_t = f \\ \alpha_c + \psi \Delta \rho_{t-1} + \varepsilon_t^c & \text{if } s_t = c \end{cases} \quad (9\text{-}1)$$

$$\varepsilon_t^f \sim N(0, h_f), \ \varepsilon_t^c \sim N(0, h_c),$$

其中,ρ_{t-1}^* 代表了由抵补利率平价所得到的远期溢价的均衡值。令 $r_{d,t-1}$ 和 $r_{f,t-1}$ 分别代表国内外利率,在无套利条件下,由抵补利率平价知:

$$\rho_{t-1}^* = f_{t-1}^* - e_{t-1} = \ln(1 + r_{d,t-1}) - \ln(1 + r_{f,t-1}) \quad (9\text{-}2)$$

式(9-1)中,φ 代表远期汇率向基本面汇率的回归系数,本研究认为 φ 是负值,这样当前期的风险溢价 ρ_{t-1} 大于均衡值 ρ_{t-1}^* 时,ρ_t 是下降的;反之,ρ_{t-1} 是上升的。由于技术交易者的趋势交易规则,本研究认为 ψ 是正的。因此,两种不同的交易者遵循不同的交易规则,即基本面分析者的负反馈规则和技术分析者的正反馈规则。

状态变量 $s_t = c$ 代表技术交易者机制，$s_t = f$ 是基本面交易者机制。假设技术分析者和基本面分析者的转换概率服从常数概率 p_{cc} 和 p_{ff} 的马尔科夫过程：

$$p(s_t = c \mid s_{t-1} = c) = p_{cc}, \quad p(s_t = f \mid s_{t-1} = f) = p_{ff} \tag{9-3}$$

令 $a_t = |\rho_t - \rho_t^*| = |f_t - f_t^*|$，根据利率平价理论，$a_t$ 代表了投资者的套利空间，假定技术分析者和基本面分析者之间的转换概率取决于套利空间的变化。用式子表示如下：

$$p(s_t = f \mid s_{t-1} = f) = \Phi(\beta_f + \gamma_f |\rho_{t-1} - \rho_{t-1}^*|)$$
$$p(s_t = c \mid s_{t-1} = c) = \Phi(\beta_c + \gamma_c |\rho_{t-1} - \rho_{t-1}^*|) \tag{9-4}$$

上式中，Φ 是标准正态分布的累积分布函数。根据抵补利率平价理论，当套利空间 a_t 变大，基本面分析者获利更多，因此希望 γ_c 是负值而 γ_f 是正值。

样本分布的似然函数为：

$$LLF = \sum_{t=1}^{T} \log[q(\Delta \rho_t \mid I_{t-1})] \tag{9-5}$$

其中，T 是观测样本的数量，$q(\Delta \rho_t \mid I_{t-1})$ 是在信息集 I_{t-1} 上的条件密度函数。由式(9-1)可得：

$$q(\Delta \rho_t \mid I_{t-1}) = \sum_{j=c, f} f(\Delta \rho_t \mid s_t = j) \cdot p(s_t = j \mid I_{t-1}) \tag{9-6}$$

其中，

$$f(\Delta \rho_t \mid s_t = f) = f_N(\Delta \rho_t; \alpha_c + \varphi \Delta \rho_{t-1}, h_c)$$
$$f(\Delta \rho_t \mid s_t = c) = f_N(\Delta \rho_t; \psi(\rho_{t-1} - \rho_{t-1}^*), h_f)$$

上式中，$f_N(x; \mu, h)$ 代表了均值和方差分别为 μ 和 h 的正态分布密度函数。状态变量 s_t 是不可观测的，事前概率 $p_{f, t} = p(s_t = f \mid I_{t-1})$ 可由滤波算法(Hamilton，1989)得到。

9.2　实证分析

本章选取 1 年期 EUR/USD 和 USD/JPY 远期和即期汇率的周数据和 1 年期的美国、欧盟和日本的利率数据，数据来自 Bloomberg 数据库，样本区间从 1999 年 1 月 1 日到 2012 年 3 月 16 日。

常数概率和时变概率的机制转换模型的参数估计结果如表 9-1 所示。表 9-1 的第 2 列是 EUR/USD 远期汇率的常数概率的参数估计。首先，φ 在 1% 的水平上显著为负，意味着基本面分析者为市场提供了均值回复动态效应；其次，外推参数 ψ 在 5% 的水平上显著为正，意味着技术分析者有加强远期汇率运动趋势的效应；最后，转换概率分别是 $p_f = 0.8509$ 和 $p_c = 0.9767$，意味着基本面分析者的持续期是 $1/(1-0.8509)=7$（周），而技术分析者的平均持续期是 $1/(1-0.9767)=43$（周）。因此，技术分析者的机制更持久。

表 9-1　常数概率和时变概率的机制转换模型参数估计

参数	RS-CF EUR/USD	TV-RS-CF EUR/USD	RS-CF USD/JPY	TV-RS-CF USD/JPY
α_f	0.0842 (0.0506)	0.1049 * (0.0603)	−0.0168 (0.0231)	−0.0168 (0.0260)
φ	−0.1344 *** (0.0514)	−0.1659 *** (0.0616)	−0.0990 *** (0.0265)	−0.0954 *** (0.0299)
σ_f^2	0.0629 *** (0.0071)	0.0702 *** (0.0105)	0.0339 *** (0.0032)	0.0355 *** (0.0038)
α_c	−0.0045 (0.0030)	−0.0045 (0.0030)	−0.0046 (0.0037)	−0.0044 (0.0036)
ψ	0.0760 ** (0.0421)	0.0771 * (0.0402)	0.0263 (0.0443)	0.0088 * (0.0458)
σ_c^2	0.0047 *** (0.0003)	0.0047 *** (0.0003)	0.0067 *** (0.0004)	0.0064 *** (0.0004)

参数	RS-CF EUR/USD	TV-RS-CF EUR/USD	RS-CF USD/JPY	TV-RS-CF USD/JPY
p_f	0.8509*** (0.0459)	—	0.9792*** (0.0090)	—
p_c	0.9767*** (0.0082)	—	0.9934*** (0.0036)	—
β_f	—	0.6059 (0.4931)	—	1.9095*** (0.4473)
γ_f	—	0.0823 (0.8958)	—	−0.4077 (0.8568)
β_c	—	2.4184*** (0.3067)	—	3.3460*** (0.5994)
γ_c	—	−1.6667** (0.7294)	—	−2.2366** (0.9666)
Log-Likelihood	691.8447	694.5821	594.2100	596.5333

注:RS-CF 和 TV-RS-CF 分别代表常数和时变转换概率的 C&F 模型,该样本包含从 1999 年 1 月到 2010 年 3 月的 EUR/USD 和 USD/JPY 远期汇率的周数据。*,**,*** 分别代表 10%,5%,1%的显著性水平。

第 3 列报告了 EUR/USD 远期汇率的时变概率模型的参数估计。γ_c 在 5%的水平上显著为负,γ_f 为正,但并不显著,这意味着当市场的远期汇率偏离均衡值,技术分析者倾向于转换成基本面分析者。

第 4 列和第 5 列报告了 USD/JPY 远期汇率的常数和时变概率模型的参数估计。基本面分析者的均值回复参数 φ 为负和技术分析者的外推参数 ψ 为正,说明基本面分析者的负反馈和技术分析者的正反馈规则同样也存在于 USD/JPY 远期市场。

第 4 列的结果显示,常数转换概率分别是 p_f=0.9792 和 p_c=0.9934,表明基本面和技术分析者机制的平均持续期分别是 48 周和 151 周。因此,类似于 EUR/USD 远期市场,技术分析者机制在 USD/JPY 远期市场的持续期也长于基本面分析者机制。

第 5 列报告了 USD/JPY 远期市场时变概率模型的参数,γ_f 和 γ_c 均为负, γ_f 的符号与研究预期并不符合,但是它在统计上不显著。同时, γ_c 在 5％的水平上显著,意味着当套利空间变大的时候,技术分析者倾向于转换成基本面分析者。

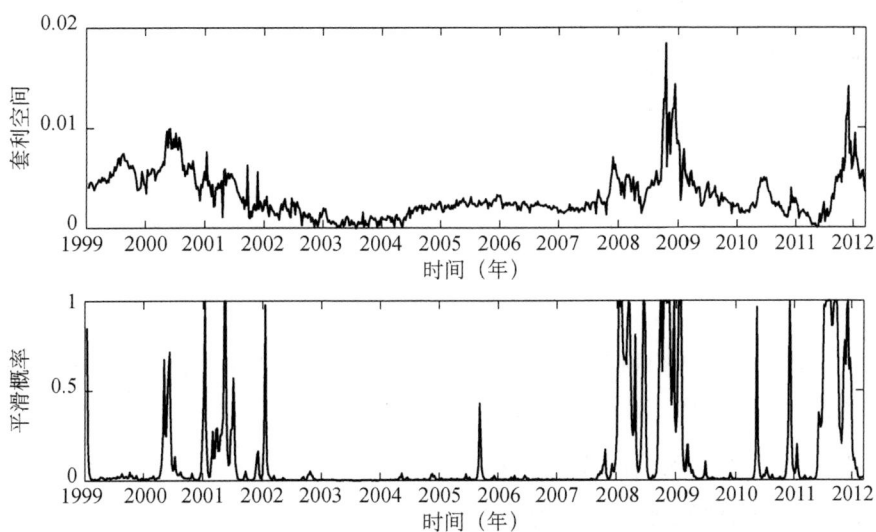

图 9-1　套利空间和基本面交易者的平滑转换概率(EUR/USD)

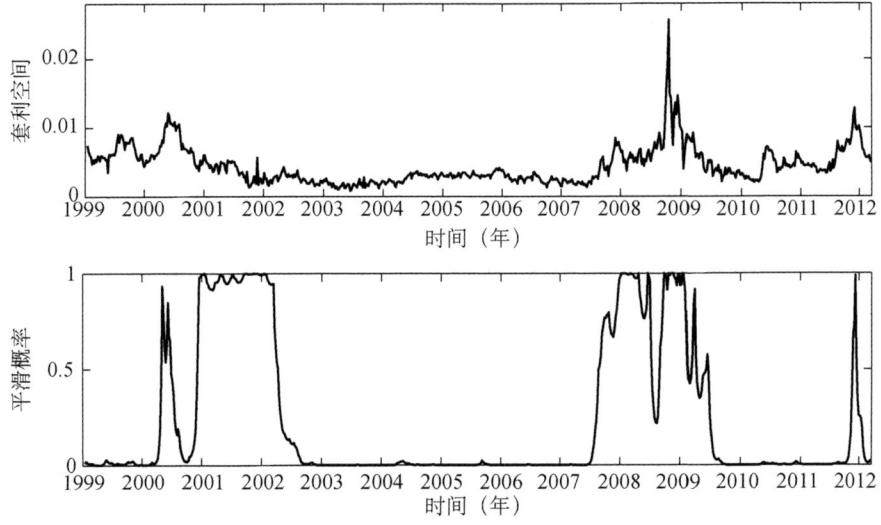

图 9-2　套利空间和基本面交易者的平滑转换概率(USD/JPY)

图 9-1 和图 9-2 显示了套利空间与基本面交易机制的平滑概率之间的关系。上图是套利空间,下图是基本面交易机制的平滑概率。研究发现基本面交易机制和一系列经济事件相联系。例如,在 20 世纪末全球经济衰退和 2008 年金融危机时,市场远期汇率对平价汇率大幅偏离,套利空间加大,对应的基本面交易机制的平滑概率快速上升。对于 EUR/USD 远期汇率来说,在欧债危机期间,基本面交易者在市场上的比例也是增加的。

9.3　本章小结

本章建立了两机制的马尔科夫机制转换模型,以检验异质预期在远期外汇市场中的作用。在本章中,假设两类交易者——基本面交易者和技术交易者,基本面交易者根据经济基本面作出决定,而技术交易者根据对过去趋势的推断来预测远期汇率的未来走势。

对 EUR/USD 和 USD/JPY 远期外汇市场的实证研究表明,基本面交易者具有均值回复预期,而技术交易者具有惯性趋势预期。当现实的远期汇率偏离均衡值时,技术交易者倾向于转换成基本面交易者。

参 考 文 献

［1］安德瑞·史莱佛. 并非有效的市场—行为金融学导论［M］. 北京：中国
人民大学出版社，2003.

［2］陈创练，姚树洁，郑挺国，欧璟华. 利率市场化、汇率改制与国际资本流
动的关系研究［J］. 经济研究，2017，52（04）：64-77.

［3］陈华. 央行干预使得人民币汇率更加均衡了吗？［J］. 经济研究，2013，
12：81-92.

［4］陈蓉，郑振龙.结构突变、推定预期与风险溢酬［J］.世界经济，2009，6：
64-76.

［5］陈雨露，侯杰. 汇率决定理论的新近发展：文献综述［J］. 当代经济科
学，2005，5：45-53.

［6］陈雨露，侯杰. 新开放经济宏观经济学:研究文献综述［J］. 南开经济研
究，2006，2：3-17.

［7］丁剑平，俞君钛，张景煜. 从外汇市场微观结构视角看中央银行入市
交易效果［J］. 管理世界，2006，（7）：15-21.

［8］丁志杰，郭凯，闫瑞明. 非均衡条件下人民币汇率预期性质研究［J］.
金融研究，2009，（12）：91-98.

［9］方先明，裴平，张谊浩. 国际投机资本流入:动机与冲击——基于中国
大陆 1999—2011 年样本数据的实证检验［J］. 金融研究，2012（01）：
65-77.

［10］冯超，彭魏倬加，张瑶. 托宾税政策研究评述与展望［J］.当代金融研究，
2018，（2）：11-21.

[11] 冯菊平. 改进的两级托宾税设计模型与我国的外资管理[J].金融研究，2002,(6):41-48.

[12] 管涛. 汇率的本质[M]. 北京:中信出版集团，2016.

[13] 韩乾,袁宇菲,吴博强,短期国际资本流动与我国上市企业融资成本[J].经济研究，2017.52(06):77-89.

[14] 惠晓峰,张硕.基于代表性异质投资者的汇率动态模型[J].中国管理学报，2012,20(3):28-34.

[15] 李力,王博,刘潇潇,郝大鹏.短期资本、货币政策和金融稳定[J].金融研究，2016(09):18-32.

[16] 李晓峰,黎琦嘉.外汇市场汇率预期研究进展[J].经济学动态，2009,(3):102-107.

[17] 李晓峰,魏英辉.基于行为金融理论的中央银行外汇干预策略研究[J].南开经济研究，2009,(1):3-21.

[18] 李晓峰,陈华.交易者预期异质性、央行干预效力与人民币汇率变动[J].金融研究，2010,(8):49-67.

[19] 李晓峰,陈华.行为金融视角下的人民币汇率决定模型研究[J].管理科学学报，2012,15(8):72-83.

[20] 李小平,冯芸,吴冲锋.基于宏观因素的远期汇率风险溢价期限结构[J].管理工程学报,2010,2:139-145.

[21] 李小平,吴冲锋.远期汇率波动的偏U型曲线[J].管理科学学报，2012,15(11):54-65.

[22] 李小平,吴冲锋.利差交易、异质预期与汇率微观决定[J],管理科学学报,2018,6,1-11.

[23] 陆静,曹国华,唐小我.基于异质信念和卖空限制的分割市场股票定价[J].管理科学学报，2011,14(1):13-17.

[24] 卢明,王国林.我国远期外汇市场定价问题分析[J].世界经济与政治论坛，2006,(4):45-50.

[25] 吕光明,徐曼.中国的短期国际资本流动——基于月度VAR模型的三

重动因解析[J]. 国际金融研究，2012(04)：61-68.

[26] 彭红枫,祝小全. 短期资本流动的多重动机和冲击:基于 TVP-VAR 模型的动态分析[J]. 经济研究，2019，54(08)：36-52.

[27] 苏多永,张祖国."四重套利"模型与短期国际资本流动[J]. 财经科学，2010(08)：17-24.

[28] 孙立坚. 外汇市场微观结构理论的原理及其前景[J]. 国际金融研究，2002，(11)：13-19.

[29] 孙立坚. 汇率理论发展的最新动态[J]. 金融参考，2003，1：1-8.

[30] 谭小芬,金玥. 人民币汇率贬值与跨境资本流动[J]. 国际贸易，2017，(7)：13-19.

[31] 王爱俭,冯超. 汇率波动、交易规模与托宾税有效性——基于离岸人民币汇率视角的 STR 模型[J]. 国际金融研究，2018(3)：77-86.

[32] 王芳,甘静芸,钱宗鑫,何青. 央行如何实现汇率政策目标——基于在岸—离岸人民币汇率联动的研究[J]. 金融研究，2016(4)：34-49.

[33] 汪洋. 中国的资本流动:1982—2002[J]. 管理世界，2004(07)：43-52.

[34] 吴蕾,文占雅.中国银行间外汇市场远期汇率信息含量与定价偏差研究[J].世界经济,2017,4:167-192.

[35] 吴丽华,傅广敏. 人民币汇率、短期资本与股价互动[J]. 经济研究，2014.49(11)：72-86.

[36] 肖立晟,刘永余. 人民币非抛补利率平价为什么不成立:对 4 个假说的检验[J]. 管理世界，2016，(7)：51-62.

[37] 邢天才,尹航. 异质性交易者、混合策略与人民币汇率决定机制[J]. 宏观经济研究，2017，(4)：55-64.

[38] 杨宝臣,张涵. 技术分析、主体异质性与资产定价[J]. 管理科学学报，2017，20(6)：101-110.

[39] 张明. 中国面临的短期资本外流:现状、原因、风险与对策[J]. 金融评论，2015，7(03)：21-34.

[40] 张明.中国面临的短期国际资本流动:不同方法与口径的规模测算[J].

世界经济,2011,34(02):39-56.

[41] 张维,张永杰. 异质信念、卖空限制与风险资产价格[J]. 管理科学学报,2006,9(4):58-64.

[42] 张勇. 热钱流入、外汇冲销与汇率干预——基于资本管制和央行资产负债表的 DSGE 分析[J].经济研究,2015,(07):116-130.

[43] 赵进文,张敬思. 人民币汇率、短期国际资本流动与股票价格——基于汇改后数据的再检验[J]. 金融研究,2013(01):9-23.

[44] 朱孟楠,刘林. 短期国际资本流动、汇率与资产价格—基于汇改后数据的实证研究[J]. 财贸经济,2010(05):5-13.

[45] AHRENSR, REITZ S. Heterogeneous expectations in the foreign exchange market: evidence from the daily dollar/dm exchange rate [J]. Journal of Evolutionary Dynamics, 2005,15(1): 65-82.

[46] ALIBER R Z, CHOWDHRY B, YAN S. Some evidence that a tobin tax on foreign exchange transactions may increase volatility [J]. Review of Finance, 2003, 7(3), 481-510.

[47] ALLEN H, TAYLOR M P. Chartist, Noise and fundamentals in the London foreign exchange market[J]. Economic Journal, 1990, 100: 49-59.

[48] BAILLIE R T, KILIC R. Do asymmetric and nonlinear adjustments explain the forward premium anomaly? [J]. Journal of International Money and Finance, 2006, 25: 22-47.

[49] BAILLIE R T, CHANGE S. Carry trades, momentum trading and the forward premium anomaly[J]. Journal of Financial Markets, 2011, 14: 441-464.

[50] BANSAL R, DAHLQUIST M. The forward premium puzzle: different tales from developed and emerging economies[J]. Journal of International Economies, 1999, 51: 115-144.

[51] BARROSO J B R B, L A P DA SILVA, A S SALES. Quantitative

easing and related capital flows into Brazil: measuring its effects and transmission channels through a rigorous counterfactual evaluation [J]. Journal of International Money and Finance, 2016, 67: 102-122.

[52] BAUER C, DE GRAUWE P, REITZ S. Exchange rate dynamics in a target zone-A heterogeneous expectations approach [J]. Journal of Dynamics and Control, 2009, 32(2):329-344.

[53] BAUER C, HERZ B. Noise, Exchange rate trend and volatility: theory and empirical evidence [M]. Bayreuth: University of Bayreuth Press, 2001.

[54] BAUER C, HERZ B. Technical trading and the volatility of exchange rates [J]. Quantitative Finance, 2004, 4(4):399-416.

[55] BAUER C, HERZ B. Technical trading, monetary policy, and exchange rate regimes [J]. Global Finance Journal, 2005, 15:281-302.

[56] BENASSY-QUERE A, LARRIBEAU S, MACDONALD R. Models of exchange rate expectation[J]. Journal of International Financial Markets, Institutions and Money, 2003, 13(2):113-136.

[57] BEWLEY T. Knightian decision theory. Part I[J]. Decision in Economics & Finance, 2002, 25: 79-110.

[58] BIANCONI G, GALLA T, MARSILI M, PIN P. Effects of tobin taxes in minority game markets[J]. Journal of Economic Behavior & Organization,2009, 70 (1-2): 231-240.

[59] BLOOMFIELD R, O'HARA M, SAAR G. How noise trading affects markets: an experimental analysis[J]. Review of Financial Studies,2009, 22 (6):2275-2302.

[60] BROCK W, HOMMES C. A rational route to randomness [J]. Econometrica, 1997, 65: 1059-1095.

[61] BROCK W, HOMMES C. Heterogeneous beliefs and routes to chaos in a simple asset pricing mode[J]. Journal of Economic Dynamics and

Control，1998，22：1235-1274.

[62] BRUNNERMEIER M K，NAGEL S，PEDERSEN L H. Carry trades and currency crashes[J]. NBER Macroeconomics Annual，2008，23：313-347.

[63] BURNSIDE C，EICHENBAUM M，KLESHCHELSKI I. The returns to currency speculation[R]. NBER Working Paper，2006.

[64] BURNSIDE C，EICHEMBAUM M，REBELO S. Carry trade and momentum in currency markets[J]. Annual Review of Financial Economics，2011，3：511-535.

[65] BUNCIC D，PIRAS G D. Heterogeneous agents，the financial crisis and exchange rate predictability[J]. Journal of International Money and Finance，2016，60：313-359.

[66] CALVO G A. Capital flows and capital-market crises：the simple economics of sudden stops [J]. Journal of Applied Economics，1998，1(1)：35-54.

[67] CAVALLO M. Interest rates，carry traders，and exchange rate movements[J]. FRBSF Economic Letters，2006，31：1-3.

[68] CHEN S，CHANG M J. Capital control and exchange rate volatility [J]. North American Journal of Economics & Finance，2015(33)：167-177.

[69] CHENG J，DAI Y. Is bitcoin a channel of capital inflow? evidence from carry trade activity[J]. International Review of Economics & Finance，2020，66：261-278.

[70] CHINN M，MEESE R. Banking on currency forecasts：how predictable is change in money? [J]. Journal of International Economics，1995，38(1-2)：161-178.

[71] CHINN M D，MEREDITH G. Monetary policy and long-horizon uncovered interest parity [J]. IMF Staff Papers，2004，51(3)：

409-430.

[72] CONVERSE N. Uncertainty, capital flows, and maturity mismatch [J]. Journal of International Money and Finance, 2018, 88: 260-275.

[73] COPELAND L, LU W. Dodging the steamroller: fundamentals versus the carry trade [J]. Journal of International Financial Markets, Institutions & Money, 2016, 42, 115-131.

[74] DAMETTE O. Mixture distribution hypothesis and the impact of a Tobin tax on exchange rate volatility: a reassessment [J]. Macroeconomic Dynamics,2013,20(6): 1600-1622.

[75] DAMETTE O, PARK B J. Tobin tax and volatility: a threshold quantile autoregressive regression framework [J]. Review of International Economics, 2015, 23(5): 996-1022.

[76] DANILOVA A C, JULLIARD C. Information asymmetries, volatility, liquidity, and the tobin tax [R]. SRC Discussion Paper, 2014,No.24.

[77] DARVAS Z. Leveraged carry trade portfolios[J]. Journal of Banking and Finance, 2008, 33: 944-957.

[78] DAVILA E. Optimal financial transaction taxes [R]. New York University, working paper, 2015.

[79] DE GRAUWE P, DEWACHTER H. Chaos in the dornbusch model of the exchange Rate [J]. Kredit and Kapital, 1992, 27-54.

[80] DE GRAUWE P, DEWACHTER H. A chaotic model of the exchange rate: the role of fundamentalists and Chartists[J]. Open Economies Review, 1993, 4:351-379.

[81] DE GRAUWE P. Exchange rates in search of fundamental variables [R].Centre for Economic Policy Research Discussion Paper, 1994, No.1073.

[82] DE GRAUWE P, GRIMALDI M. The exchange rate and its fundamentals

in a complex world[J]. Review of International Economics, 2005, 13(3): 549-575.

[83] DE GRAUWE P, GRIMALDI M. Heterogeneity of agents, transactions costs and the exchange rate[J]. Journal of Economic Dynamics & Control, 2005, 29: 691-719.

[84] DE GRAUWE P, GRIMALDI M. Exchange rate puzzles: a tale of switching attractor[J]. European Economic Review, 2006, 50: 1-33.

[85] DE GRAUWE P, MARKIEWICZ A. Learning to forecast the exchange rate: two competing approaches [J]. Journal of International Money and Finance, 2013, 32: 42-76.

[86] DE JONG E, VERSCHOOR W F C, ZWINKELS R. Heterogeneity of agents and exchange rate dynamics: evidence from the EMS[J]. Journal of International Money and Finance, 2010, 29(8): 1652-1669.

[87] DEMARY M. Transaction taxes, trader's behavior and exchange rate risks[J]. Economics Working papers, 2006.

[88] DEMARY M. Transaction taxes and traders with heterogeneous investment horizons in an agent-based financial market model[J]. Economics: The Open-Access, Open-Assessment E-Journal, 2010, 4(8): 1-44.

[89] DEWACHTER H, HOUSSA R, LYRIO M, KALTWASSER P R. Dynamic forecasting rules and the complexity of exchange rate dynamics[J]. Review of Business and Economics, 2011, 56 (4): 454-471.

[90] DICK C D, MENKHOFF L. Exchange rate expectations of chartists and fundamentalists[J]. Journal of Economic Dynamics&Control, 2013, 37: 1362-1383.

[91] EHRENSTEIN G, WESTERHOFF F, STAUFFER D. Tobin tax and market depth[J]. Quantitative Finance, 2005, 5: 213-218.

[92] ELLEN S T, VERSCHOOR W F C, ZWINKELS R C J. Dynamic expectation formation in the foreign exchange market [J]. Journal of International Money and Finance, 2013, 37:75-97.

[93] EVANS M. FX trading and exchange rate dynamics[J]. Journal of Finance, 2002, 57(6):2405-2447.

[94] EVANS M, LYONS R. Order flow and exchange rate dynamics[J]. Journal of Political Economy, 2002, 110: 170-180.

[95] FEDDERKE J W, LIU W. Modelling the determinants of capital flows and capital flight: with an application to South African data from 1960 to 1995 [J]. Economic Modelling, 2002, 19(3): 419-444.

[96] FLASCHEL P, HARTMANN F, MALIKANE C. A behavioral macroeconomic model of exchange rate fluctuations with complex market expectations formation [J]. Computational Economics, 2015, 45 (4): 669-691.

[97] FRANKEL J A, FROOT K. Using survey data to test some standard propositions regarding exchange rate expectations [J]. The American Economic Review, 1987, 77(1): 133-153.

[98] FRANKEL J A, FROOT K. Chartists, Fundamentalists and the demand for dollars[J]. Greek Economic Review, 1988, 10(1): 49-102.

[99] FRANKEL J A, FROOT K. Chartists, Fundamentalists, and trading in the foreign exchange market [J]. American Economic Review, 1990, 80(2): 181-185.

[100] FRANKEL J A. How well do foreign exchange markets function: might a tobin tax help? [C]. NBER Working Paper, 1996.

[101] FRENKEL M, RUELKE J C, STADTMANN G. Two currencies, one model? evidence from the Wall Street Journal forecast poll [J], Journal of International Financial Markets, Institutions and Money, 2009, 19(5): 588-596.

[102] GABRIELE A, BARATAV K, PARIKH A. Instability and volatility of capital flows to developing countries [J]. The World Economy, 2000, 23: 1031-1056.

[103] GALATI G, MELVIN M. Why has FX trading surged? explaining the 2004 triennial survey[J]. BIS Quarterly Review, 2004, 67-74.

[104] GOLDBAUM D, ZWINKELS R. An empirical investigation of heterogeneity and switching in the foreign exchange market [J], Journal of Economic Behavior and Organization, 2014, 107B: 667-684.

[105] HAMILTON J D. A new approach to the economic analysis of nonstationary time series and the business cycle[J]. Econometrica, 1989, 57: 357-384.

[106] HANKE M, HUBER J, KIRCHLER M, SUTTER M. The economic consequences of a tobin tax: an Experimental analysis[J]. Journal of Economic Behavior and Organization, 2010(74):58-71.

[107] HOMMES C H, WAGENER F O O. Complex evolutionary systems in behavioral finance[M]//HENS T, SCHENK-HOPPE K R (eds.). Handbook of financial markets: dynamics and evolution, 2009: 217-276.

[108] IBHAGUI O W. Monetary model of exchange rate determination under floating and non-floating regimes [J]. China Finance Review International, 2019, 9(2): 254-283.

[109] ITO T. Foreign exchange rate expectation: micro survey data[J]. American Economic Review, 1990, 80(3): 434-449.

[110] JAOUADI S. New evidence from assessing the tobin tax effects on exchange stability and trade[J]. Business & Economic Research, 2013,3(2):146-155.

[111] JEANNE O, ROSE A K. Noise trading and exchange rate regimes

[J]. The Quarterly Journal of Economics, 2002, 117 (2): 537-569.

[112] JONGEN R, VERSCHOOR W F C, WOLFF C C P, ZWINKELS R C J. Explaining dispersion in foreign exchange expectations: a heterogeneous agent approach[J]. Journal of Economic Dynamics & Control, 2012, 36: 719-735.

[113] JULIER S, UHLMANN J. Unscented filtering and nonlinear transformation [J]. IEEE Review, 2004, 92(3), 401-422.

[114] KEYNES J M. A treatise on probability[M]. London: McMillan, 1921.

[115] KNIGHT F H. Risk, Uncertainty and Profit [M]. Boston: Houghton Mifflin, 1921.

[116] KOZHAN R, SALMON M. Uncertainty aversion in a heterogeneous agent model of foreign exchange rate formation [J]. Journal of Economic Dynamics & Control, 2009, 33, 1106-1122.

[117] LANNE M, VESALA T. The effect of a transaction tax on exchange rate volatility [J]. International Journal of Finance and Economics, 2010(15):123-133.

[118] LAVICKA H, LICHARD T, NOVOTNÝ J. Sand in the wheels or the wheels in sand? Tobin taxes and market crashes [J]. International Review of Financial Analysis, 2016, 47:328-342.

[119] LI X P, ZHOU C Y, WU C F. The role of heterogeneous expectations in forward exchange market[J]. Applied Economics Letters, 2013, 20: 471-475.

[120] LI X P, ZHOU C Y, TONG B. Carry trades, agent heterogeneity and the exchange rate [J]. International Review of Economics and Finance, 2019, 64: 343-358.

[121] LUX T, ZWINKELS R C J. Empirical validation of agent-based models [M]//HOMMES C, LEBARON B (eds.). Handbook of

computational economics，2018，4：437-488.

[122] LYONS R. Test of micro-structural hypotheses in the foreign exchange market[J]. Journal of Financial Economics，1995，39：321-351.

[123] MACDONALD R，MARSH I W. Currency forecasters are heterogeneous：confirmation and consequences [J]. Journal of International Money and Finance，1996，15(5)：665-685.

[124] MANNARO K，MARCHESI M，SETZU A. Using an artificial financial market for assessing the impact of tobin-like transaction taxes[J]. Journal of Economic Behavior & Organization，2008，67 (2)：445-462.

[125] MANZAN S，WESTERHOFF F H. Heterogeneous expectations，exchange rate dynamics and predictability[J]. Journal of Economic Behavior & Organization，2007，64：111-128.

[126] MARK N C. Exchange rates and fundamentals：evidence on long-horizon predictability [J]. The American Economic Review，1995，85，201-218.

[127] MAREY P S. Exchange rate expectations：controlled experiments with artificial traders [J]. Journal of International Money and Finance，2004，23：283-304.

[128] MATHEVET L，STEINER J. Sand in the wheels：a dynamic global-game approach[C]//Meeting Papers. Society for Economic Dynamics，2012.

[129] MEESE R A，K ROGOFF. Empirical exchange rate models of the seventies：do they fit out of sample? [J]. Journal of International Economics，1983，14(1-2)：3-24.

[130] MESSE R. Currency fluctuations in the post-bretton woods Era [J]. Journal of Economic Perspectives Winter，1990，4(1)：117-134.

[131] MENKHOFF L, REBITZKY R R, SCHRODER M. Heterogeneity in exchange rate expectations: evidence on the chartist-fundamentalist approach[J]. Journal of Economic Behavior & Organization, 2009, 70: 241-252.

[132] NING Y, ZHANG L X. Modeling dynamics of short-term international capital flows in China: a markov regime switching approach [J]. The North American Journal of Economics and Finance, 2018, 44, 193-203.

[133] OBSTFELD M, ROGOFF K. Exchange rate dynamics redux[J]. Journal of Political Economy, 1995,103(3): 624-660.

[134] OBSTFELD M, ROGOFF K. Foundations of International Macroeconomics[M]. Cambridge, Mass.: MIT Press, 1996.

[135] OLIVIER D. Exchange rate volatility and noise traders: Currency Transaction Tax as an eviction device [J]. Economics Bulletin, 2009, 29(3): 2449-2464.

[136] PELLIZZARI P, WESTERHOFF F. Some effects of transaction taxes under different microstructures [J]. Journal of Economic Behavior and Organization, 2009, 72(3): 850-863.

[137] PROAÑO C R. Exchange rate determination, macroeconomic dynamics and stability under heterogeneous behavioral FX expectations[J]. Journal of Economic Behavior and Organization, 2011, 77: 177-188.

[138] PROTIN P, NEUBERG L, LOUARGANT C. From heterogeneous expectations to exchange rate dynamics[J]. SCE Working Paper, 2004, No.310.

[139] ROLL R, YAN S. An explanation of the forward premium puzzle [J]. European Financial Management, 2000, 6: 121-148.

[140] SARANTIS N. Testing the uncovered interest parity using traded volatility, a time-varying risk premium and heterogeneous

expectations[J]. Journal of International Money and Finance，2006，25：1168-1186.

[141] SAROLLI, DOMENICO G. Cleaning the gears：counter-cyclical asset trading with financial transactions taxes[J]. The Quarterly Review of Economics and Finance，2015，56：110-122.

[142] SMID M. Estimation of zero-intelligence models by L1 data[J]. Quantitative Finance，2016，16(9)：1423-1444.

[143] SOLILOVA, NERUDOVA D. Financial transaction tax：determination of economic impact under DSGE model[J]. Acta Universitatis Agriculturae Et Silviculturae Mendelianae Brunensis，2015，63(2)：627-637.

[144] SPRONK R, VERSCHOOR W F C, ZWINKELS R C J. Carry trade and foreign exchange rate puzzles [J]. European Economic Review，2013，60：17-31.

[145] STANEK F, KUKACKA J. The impact of the tobin tax in a heterogeneous agent model of the foreign exchange market [J]. Computational Economics，2018，51(4)：865-892.

[146] SUZUKI M. A representative agent asset pricing model with heterogeneous beliefs and recursive utility [J]. International Review of Economics and Finance，2016，45：298-315.

[147] TAKAGI. Exchange rate expectations a survey of survey studies [J]. IMF Staff Papers，1991，38(1)：156-183.

[148] ELLEN S T, VERSCHOOR W F C, ZWINKELS R C J. Dynamic expectation formation in the foreign exchange market [J]. Journal of International Money and Finance，2013，37(1)：75-97.

[149] ELLEN S T, VERSCHOOR W F C. Heterogeneous beliefs and asset price dynamics：a survey of recent evidence [J]. SSRN Electronic Journal，2017.

[150] ELLEN S T, HOMMES C H, VERSCHOOR W F C. Comparing behavioural heterogeneity across asset classes [J]. Working Paper, 2017.

[151] TOBIN J. A proposal for international monetary reform[J]. Eastern Economic Journal, 1978, 4(3-4): 153-159.

[152] VIGFUSSON. Switching between chartists and fundamentalists: a markov regime-switching approach[J]. International Journal of Financial Economics, 1997, 2(4): 291-305.

[153] VON NEUMANN J, MORGENSTERN O. Theory of games and economic behavior [M]. Princeton University Press, Princeton, NJ, 1944.

[154] WEBER P, ROSENOW B. Order book approach to price impact[J]. Quantitative Finance, 2005, 5(4), 357-364.

[155] WESTERHOFF F. Heterogeneous traders and the tobin tax[J]. Journal of Evolutionary Economics,2003,13(1):53-70.

[156] WESTERHOFF F, DIECI R. The effectiveness of Keynes-Tobin transaction taxes when heterogeneous agents can trade in different markets: a behavioral finance approach[J]. Journal of Economic Dynamics and Control, 2006, 30 (2): 293-322.

[157] XU JUANYI. Noise Traders, Exchange rate disconnect puzzle and tobin tax [J]. Journal of International Money and Finance, 2010, 29: 336-357.

[158] YOUSSEFMIR M, HUBERMAN B A, HOGG T. Bubbles and Market Crashes[J]. Computational Economics, 1998, 12(2): 97-114.

[159] ZHOU S, KUTAN A M. Does the forward premium anomaly depend on the sample period used or on the sign of the premium? [J]. International Review of Economics and Finance, 2005, 14(1): 17-25.